サプライチェーンにおける人権リスク対応の実務

「ビジネスと人権」の
視点で捉える、リスクの可視化と
デュー・ディリジェンスの実践

阿部・井窪・片山法律事務所
佐長　功・本多広和・原田崇史・梶並彰一郎〔著〕

デロイト トーマツ
ファイナンシャルアドバイザリー合同会社〔著〕
フォレンジック & クライシスマネジメント

民事法研究会

　ごく最近まで、一般の人々はもちろんのこと、企業に携わる人々も「人権リスク」がビジネスに与える影響を意識し真摯に考えることはほとんどなかったといってよいだろう。

　新疆ウイグル自治区での人権侵害や、香港での民主化運動の弾圧を理由として、2022年2月開催の北京冬季オリンピックに対し、米国をはじめとする西側諸国が「外交ボイコット」を行ったことに伴い、同オリンピックのスポンサーとなった企業が難しい対応を迫られたことは記憶に新しいが、米中対立の文脈で語られることが多く、対岸の火事という印象は拭えなかった。

　また、日本政府が2020年に公表した「『ビジネスと人権』に関する行動計画（2020－2025）」（「行動計画」）では、企業の「ビジネスと人権」に関する理解促進と意識向上や国内外のサプライチェーンにおける人権尊重を促進するしくみの整備を、日本政府の優先分野として取り組むべきとされており、これを受けて、2022年9月には経済産業省から「責任あるサプライチェーン等における人権尊重のためのガイドライン」（「経済産業省ガイドライン」）も公表された。これらや経済産業省による「責任あるサプライチェーン等における人権尊重のための実務参照資料」（経済産業省実務参照資料）の公表を契機として、「ビジネスと人権」や人権デュー・ディリジェンス（人権DD）をテーマとした実務解説本も多数発刊されたが、ビジネスにおける「人権リスク」の影響の大きさや、人権DDの必要性を真摯に理解し対応しようとしている企業は一部の先進企業にとどまっており、中小企業も含んだ日本企業全体が取組みの必要性を広く認識しているとはいえない状況にあった。

　しかし、旧ジャニーズ事務所の元社長による性加害問題が公になったことを契機として、「ビジネスと人権」という言葉がメディアに溢れるようになった。この問題の顕在化を受けて同所所属タレントを自社のCMに起用している多くの企業が、CM放映を見送ることを公表するなどの動きもあり、人権問題がビジネスに直接の影響を与える現場を誰もが目の当たりにするよ

1

うになった。このような動きの中で、企業の大小を問わず、企業やその担当者は「人権リスク」がビジネスに与える影響を意識し、これについて真摯に考えざるを得ない状況に追い込まれ、自らのサプライチェーンにおける「人権リスク」の把握やその極小化に真摯に取り組むことが待ったなしの課題となっている。

本書は、このような現状認識の下、『サプライチェーンにおける人権リスク対応の実務』と題して、課題に直面している企業やその担当者に実務的で有用な知識を届けるべく、企業の人権 DD に対するサポートで多くの実績を積んできたデロイト トーマツ ファイナンシャルアドバイザリー合同会社（デロイト トーマツ）のメンバーと、多数の顧客企業に対し人権問題についてのアドバイスを提供している阿部・井窪・片山法律事務所のメンバーが共同して作成したものである。

本書は、「ビジネスと人権」に関する基礎的知識の理解や各国における規制についての概要の理解を目的とした類書とは異なり、人権方針の策定や人権デュー・ディリジェンスの実施に携わる企業の担当者の皆様が、直ちに活用できる実務的な知識やノウハウを提供することを目的としている。

第 1 章「ビジネスと人権」では、実務的な知識やノウハウを理解するのに必要となる基礎的知識の習得、すなわち国際連合の「ビジネスと人権に関する指導原則：国際連合『保護、尊重及び救済』枠組実施のために」（指導原則（2011年））の承認に至るまでの流れや、わが国を含めた各国における「ビジネスと人権」への取組み、人権に関する取組みが企業に与える影響等、「ビジネスと人権」に関する知識の習得を目的としている。

第 2 章「人権リスクとサプライチェーンの可視化」では、人権方針の策定や人権 DD の実施に必要なリスクアセスメントの前提として極めて重要なサプライチェーンの可視化について、デロイト トーマツの豊富な実績に基づき具体的な知識・ノウハウを提供することを目的としている。

第 3 章「デロイト人権サーベイ2023による日本企業の現状調査」では、本書執筆のためにデロイト トーマツが2023年秋に日系上場企業を中心とした

企業を対象として実施したアンケート調査（人権サーベイ2023）の結果について解説している。同種のアンケートとしては、経済産業省と外務省が共同で実施した「日本企業のサプライチェーンにおける人権に関するアンケート調査」（経済産業省・外務省アンケート調査）が2021年11月に公表されているが、「ビジネスと人権」をめぐる問題状況が大きく変化している中で約2年後に実施されたデロイトによる人権サーベイ2023は、他企業の取組みの直近の状況を知る機会として有用であり、自社の人権方針の策定や人権DDの実施にとっても極めて有益かつ示唆に富んだ情報となっている。

第4章「人権デュー・ディリジェンスの実務」では、指導原則（2011年）における人権DDの位置づけや、経済産業省ガイドラインや経済産業省実務参照資料を踏まえた人権DD実施の具体的な方法について解説しており、本書の核心部分となる章である。本章は、人権DDの実施について多数の企業をサポートした実績を有するデロイト トーマツでの実例を可能な限り開示し、人権DDに携わる担当者の具体的な道標になることを目的としており、これを読むことによって、類書にはない知識・ノウハウを得ることができる。

第5章「人権リスク顕在化の際の対応──クライシスマネジメント」では、「人権リスク」が顕在化しそれがビジネスに影響を与えた実例をあげながら、「人権リスク」が顕在した際の企業がなすべき当面のマネジメント（クライシスマネジメント）について解説している。本章では、「人権リスク」顕在化の契機について実例に即して解説しており、「人権リスク」を管理しそれをコントロールするにはさまざまなステークホルダーを意識する必要性についても理解を深めることができる。

第6章「企業活動と人権問題に関する法令等」では、指導原則（2011年）を含め、企業活動と人権問題にとって規範となるわが国のガイドライン等を解説するとともに、日本企業に適用されうる諸外国の法令等についても解説している。これら法令等は第1章〜第5章でも引用し、その都度解説を加えているが、本章では、読者の参照の手間を軽減するとともに、各法令等のポイントを理解できるように心がけた。

3

　企業担当者として「ビジネスと人権」の問題に初めてかかわる読者は、第1章から読み始め、基礎的知識を習得したうえで第2章以下に進む必要があるが、すでに基礎的知識を有しており、人権方針の策定や人権DDの実施に直面している読者は、第2章と第4章のみを読んでも有益な道標となるはずである。また、自社の人権リスクへの取組み状況を他社との比較でレポートすることを求められている読者にとっては第3章、第5章および第6章を中心に読むことで、有益なレポートが作成できると思われる。本書は、さまざまな読者・読み方を想定して作成しており、「ビジネスと人権」や「サプライチェーンにおける人権リスク」に対応することを求められるあらゆる読者のニーズに応えるものと、執筆者一同確信している。

　本書は、株式会社民事法研究会社長田口信義氏と東京弁護士会人権擁護委員会で長く活躍されている弁護士藤川元氏の発案が契機となって生み出された。貴重な執筆の機会を与えていただいた両氏に感謝する。また、執筆者一同を叱咤激励して執筆に向かわせ、粘り強く編集・校正作業を続けていただいた同社編集部の南伸太郎氏・堺紀美子氏のご努力に、深い敬意を表するものである。

　令和6年5月

執筆者一同

『サプライチェーンにおける人権リスク対応の実務』

目 次

第1章　ビジネスと人権

第 2 章　人権リスクとサプライチェーンの可視化

第3章 デロイト人権サーベイ2023による
日本企業の現状調査

第4章　人権デュー・ディリジェンスの実務

11

第5章 人権リスク顕在化の際の対応 ——クライシスマネジメント

第6章　企業活動と人権問題に関する法令等

第 1 章

ビジネスと人権

Business and

Human Rights

Ｉ　なぜ、今、「ビジネスと人権」なのか

1　人権の伝統的な考え方──国家による人権侵害からの救済

　二次に及ぶ世界大戦において国家による著しい人権侵害が行われたことに
対する反省を踏まえ、第二次世界大戦後、世界人権宣言や国際人権規約が制
定された。もっとも、このような反省を踏まえた人権に関する伝統的な考え
方は、【図表1】のように、国家がその自国民に対してその国家で保障され
た人権を保護すべきというものであった。

2　人権に対する考え方の変化──企業による人権侵害の増加

　しかし、その後のグローバリゼーションや貿易の自由化などの進行により、
多国籍企業のサプライチェーンやバリューチェーン[1]が世界中に拡大し、世
界の大企業の売上高が多くの国のGDP（国内総生産）を上回る状況が生じて
きた。そして、その中で、企業による人権侵害が問題視される例が多く生ず
るようになった。

　たとえば、スポーツ関連商品を扱う世界的ブランドであるナイキ社は、商
品の生産を完全に外部に委託した製造企業の一つであるが、1990年代を通じ、
海外委託工場における低賃金と劣悪な労働条件、児童労働などの問題が判明
し、多くの批判に晒された。これに対し、同社は、当初、「この問題は当社
のものではありません。それらは当社の工場ではありません。当社はそうし
た工場と何らの資本関係もありません。当社は、単にその製品を買っている
だけです」と対応し[2]、世界的な不買運動を招くこととなった。

【図表1】　国家における保護の対象と保護される人権

保護の主体	保護の対象	保護される人権
国	自国民	各国で保障された人権

1　バリューチェーン（価値の連鎖）は、サプライチェーン（供給の連鎖）のような川上だけでな
く、川下を含む広範な概念とされる。マイケル・E・ポーター（土岐坤ほか訳）『競争優位の戦
略──いかに高業績を持続させるか』（1985年、ダイヤモンド社）中の造語である。

　また、世界的なエネルギーおよび石油化学企業であるシェル社が1950年代にナイジェリアで開始した石油の汲み上げでは、原油の流出による土地と水の汚染が農業と漁業に依存する住民の生活を危うくし、また、石油を燃焼することで生じる大気汚染によって酸性雨や呼吸障害がもたらされた。これに対しては、1993年、地域人口の過半数にあたる約30万人のオゴニ族による街頭での抗議が行われるなどし、最終的に同社は同地での操業を停止した。

　このような状況が世界的に生まれる中[3]、上述のような人権についての伝統的な考え方だけでは、人権が十分に保護されない状況が強く認識されるようになった[4]。

　そして、国だけではなく、企業も国際的に認められた人権を尊重し、人権侵害をしてはならないという考え方が広がってきた。

3　「ビジネスと人権」──指導原則（2011年）の承認に至るまで

(1)　国連での軋轢

　このような、ビジネスと人権の問題は、1990年代に、グローバルな政策課題となり、国際連合（以下、「国連」という）の注意を惹くことになった。

　国連では、当初、国連人権小委員会が提案した国際法の下で企業の拘束力ある義務を設ける「人権に関する多国籍企業及び他の企業の責任に関する規範」（以下、「国連規範」という）を熱烈支持する途上国や人権擁護団体と、企業による人権侵害に対しては、CSR（企業の社会的責任）などの企業の自発的なイニシアチブで十分であるとして、「人権の民営化」に激しく反対する先進国やビジネス社会との間で深刻な軋轢が生じた。そして、その結果、2003年に国連人権委員会（現：国連人権理事会）に提出された国連規範は支

2　ジョン・ジェラルド・ラギー（東澤靖訳）『正しいビジネス──世界が取り組む「多国籍企業と人権」の課題』（2014年、岩波書店）46頁。
3　開発途上国が多国籍企業を誘致するために行う規制緩和による「底辺への競争」（Race to the bottom問題（国家が外国企業の誘致や産業育成のため、減税、労働基準・環境基準の緩和などを競うことで、労働環境や自然環境、社会福祉などが最低水準へと向かうこと））も指摘される。
4　その後の企業による人権侵害の事例として、2013年にファストファッションブランドの縫製工場が多く入居していたバングラデシュの商業ビル「ラナ・プラザ」が崩壊し、約4000人の死者や負傷者を出した「ラナ・プラザの悲劇」と呼ばれる大事故が記憶に残る。

持を得られず、採択が拒否される事態となった。

　(2)　枠組み（2008年）の歓迎

　このような状況の中、国連人権委員会の決議による要請に基づき、2005年、コフィー・アナン国連事務総長（当時）はジョン・ジェラルド・ラギー（ハーバード大学教授）を、「人権と多国籍企業」に関する国連事務総長特別代表に任命し、ラギー氏は「強制的」アプローチでも「自発的」アプローチでもないアプローチ（共通のグローバルなプラットフォームと権威ある政策ガイダンスの確立）をめざして活動を開始した。

　2008年、第8回国連人権理事会は、ラギー氏による「保護、尊重及び救済：ビジネスと人権のための枠組み」（以下、「枠組み（2008年）」という）を満場一致で歓迎（Welcome）した。

　枠組み（2008年）では、それまで、「ビジネスと人権」の分野でさまざまなステークホルダー・グループの間で共通理解とされているものがほとんどなかったことを受けて、広範にわたる体系的な調査研究が行われ、その結果は、「ビジネスと人権に関する指導原則：国際連合『保護、尊重及び救済』枠組実施のために」（以下、「指導原則（2011年）」という）に反映されている。

　(3)　指導原則（2011年）の承認

　国連人権理事会は、枠組み（2008年）の歓迎（Welcome）を受けて、さらに、ラギー氏に対し、枠組み（2008年）の実施のためのより具体的な行動指針を示すよう要請した。

　これを受け、ラギー氏による指導原則（2011年）が策定され、2011年6月16日、第17回国連人権理事会において、全会一致で承認（endorse）された。

　指導原則（2011年）は、これ以降、「ビジネスと人権」を語るうえで欠くことのできないものとなり、「ビジネスと人権」の国際的潮流を決定づけた極めて重要なものである。

　4　指導原則（2011年）の位置づけ

　上述のとおり、ラギー氏の指導原則（2011年）は、「強制的」アプローチでも「自発的」アプローチでもないアプローチにより、共通のグローバルな

プラットフォームと権威ある政策ガイダンスを確立したソフト・ローの性格
をもつ。そして、このような性格から、すべての当事者から強い支持を受け
るに至っている。また、指導原則（2011年）は、「持続可能な開発目標」
（SDGs：Sustainable Development Goals）の本文67段落でも言及されている[5]。

　環境や個人の人権に対する企業の影響力が非常に大きくなる中で、今日、
「ビジネスと人権」という論点は、無視できないものになっている。今後、
ますます、企業は、指導原則（2011年）への取組みを避けられない状況にお
かれることとなる。

5　指導原則（2011年）の概要

指導原則（2011年）は、人権を保護する国家の義務、人権を尊重する企業
の責任、救済へのアクセスという、三つの柱から成り立っている。

第1の柱：人権を保護する国家の義務（指導原則1〜10）
第2の柱：人権を尊重する企業の責任（指導原則11〜24）
第3の柱：救済へのアクセス（指導原則25〜31）

そして、企業は、第2の柱で、以下のとおり、①人権方針の策定、②人権
デュー・ディリジェンスの実施、③救済メカニズムの構築を求められている
（第6章Ⅰ参照）。

① 　人権方針の策定（指導原則16）
② 　人権デュー・ディリジェンスの実施（指導原則17〜21）
③ 　救済メカニズムの構築（指導原則22）

Ⅱ　企業が尊重すべき人権とは

　企業のサプライチェーンやバリューチェーンが世界中に拡大する中、企業
が影響を与える可能性のある人権は、企業が所在する国で保障された人権に
限られない。そのため、企業は、自国で保障された人権に限らず、「国際的

5　SDGsの169個のターゲットの90％以上が国際人権に関係するといわれる。

に認められた人権」全般に視野を広げて、事業を展開することが求められる（【図表2】参照）。

　指導原則（2011年）でも、企業は、「どこで事業をおこなうにしても、適用されるべき法をすべて遵守し、国際的に認められた人権を尊重する」（指導原則（2011年）23ａ）ものとされる。

　そして、「国際的に認められた人権」について、指導原則（2011年）は、「12　人権を尊重する企業の責任は、国際的に認められた人権に拠っているが、それは、最低限、国際人権章典で表明されたもの及び労働における基本的原則及び権利に関する国際労働機関宣言（編注：ILO宣言）で挙げられた基本的権利に関する原則と理解される」と規定する（【図表3】【図表4】参照）。また、人権を尊重する企業の責任は、人権を尊重する国内法および規則の遵守を越える上位にあるとされ（指導原則（2011年）11解説）、「相反する要求に直面した場合、国際的に認められた人権の原則を尊重する方法を追求する」ものとされる（指導原則（2011年）23ｂ）。

　なお、「国際的に認められた人権」にかかわる重要な規範としては、「OECD多国籍企業行動指針」（以下、「OECD指針」という）、「ILO多国籍企業宣言」、「国連グローバル・コンパクト」（以下、「UNGC」という）などがあげられる（【図表5】参照）。企業は、これらの規範にも目を配りつつ、事業を展開する必要がある。

　国際的に認められた人権や規範の概要は、以下のとおりである。

【図表2】　企業における人権尊重の対象と尊重される人権

尊重の主体	尊重の対象	尊重される人権
企業	自国民 ＋バリューチェーン上の ステークホルダー	各国で保障された人権 ＋国際的に認められた人権（指導原則（2011年）12参照）

【図表3】 国際人権章典

国際人権章典	
世界人権宣言	国際人権規約
・いずれも国際人権章典を作成するという国連の構想の下に作成されたもの ・第2回国連人権委員会(2006年3月、国連人権理事会に改組)が、国際人権章典は、①人権宣言、②人権規約、③その実施措置の3分野のすべてを含むことを決定したことを受けて制定(世界人権宣言は①に、国際人権規約は②および③に相当)	
・人権および自由を尊重し、確保するために、「すべての人民とすべての国とが達成すべき共通の基準」を宣言したもの	・①「経済的、社会的及び文化的権利に関する国際規約」(社会権規約)、②「市民的及び政治的権利に関する国際規約」(自由権規約)、③「市民的及び政治的権利に関する国際規約の選択議定書」、④「市民的及び政治的権利に関する国際規約の第二選択議定書」の四つからなるもの
・1948年12月10日、第3回国連総会において採択	・①〜③は、1966年12月16日、第21回国連総会にて採択 ・④は、1989年12月15日、第44回国連総会にて採択
・法的拘束力なし	・条約であり、法的拘束力あり ・日本は、③および④の締約国にはなっていない

【図表4】 ILO宣言であげられた基本的権利に関する原則

ILO宣言であげられた基本的権利に関する原則
・1998年採択(「安全で健康的な労働環境」の分野は2022年採択。これにより、中核的労働基準は、それまでの4分野8条約から5分野10条約へ) ・結社の自由および団体交渉権の効果的な承認 「結社の自由及び団結権保護に関する条約」(87号)、「団結権及び団体交渉に関する条約」(98号) ・強制労働の禁止 「強制労働に関する条約」(29号)、「強制労働の廃止に関する条約」(105号) ・児童労働の撤廃 「最低年齢に関する条約」(138号)、「最悪の形態の児童労働等に関する条約」(182号)

・雇用及び職業における差別の撤廃
「同一価値労働同一報酬に関する条約」(100号)、「差別待遇（雇用及び職業）に関する条約」(111号)
・安全で健康的な労働環境
「職業上の安全及び健康に関する条約」(155号)、「職業上の安全及び健康促進枠組に関する条約」(187号)

【図表5】　国際的に認められた人権にかかわる重要な規範

OECD 指針	ILO 多国籍企業宣言	UNGC
・1976年制定 ・OECD 指針参加国の多国籍企業に対して期待される責任ある行動を自主的にとるよう勧告したもの ・2011年改訂時に人権に関する章が新設され、リスクに基づいたデュー・ディリジェンスを実施すべきなどの規定を追加 ・2023年の改訂時に、企業によるサプライチェーンの下流へのデュー・ディリジェンスの適用範囲の明確化などを追加	・1977年策定 ・雇用、訓練、労働条件・生活条件、労使関係等の分野に関し、多国籍企業、政府、使用者団体および労働者団体に対してガイドラインを提供するもの ・2017年改訂時に「指導原則（2011年）」への言及を追加	・1999年、コフィー・アナン国連事務総長（当時）により提唱（2000年発足） ・各企業・団体が責任ある創造的なリーダーシップを発揮することによって、社会の良き一員として行動し、持続可能な成長を実現するための世界的な枠組みづくりに参加する自発的な取組み ・4分野（人権・労働・環境・腐敗防止）、10の原則（人権（原則1・2）、労働（原則3〜6）、環境（原則7〜9）、腐敗防止（原則10)) からなる

　法務省の人権擁護機関（法務省人権擁護局公益財団法人人権教育啓発推進センター）が、2021年3月に公表した「今企業に求められる『ビジネスと人権』への対応──『ビジネスと人権に関する調査研究』報告書」（以下、「法務省人権擁護局『調査研究』報告書」という）では、これらの人権に関する主要な国際ルールなどに照らして、企業が配慮すべき主要な人権や企業活動に関連する人権に関するリスクを25種類に分類してリストアップしている（【図表

6】参照）。

【図表 6 】　企業が尊重すべき主要な人権と人権に関するリスクの内容

	企業が尊重すべき 主要な人権	人権に関するリスクの内容
①	賃金の不足・未払い、 生活賃金	使用者があらかじめ労働契約や就業規則で定められた賃金を、所定の支払日に支払わないこと 使用者が法律で定める最低賃金額にかかわらず、労働者とその家族が基本的ニーズを満たすために十分な賃金（生活賃金）の支払いを行わないこと
②	過剰・不当な 労働時間	週 8 時間× 5 日の労働時間に加え、36協定で定める時間外労働の上限（月45時間・年360時間）を超えて、臨時的な特別の事情なしに、労働させること 適切な休憩の取得を妨げること
③	労働安全衛生	労働に関係して負傷および疾病（人の身体、精神または認知状態への悪影響）が発生すること 快適な職場環境の実現と労働条件の改善を通じた労働者の安全と健康の確保が行われないこと
④	社会保障を受ける 権利	傷病や失業、労働災害、退職などで生活が不安定になった時に、健やかで安心な生活を継続するために、健康保険や年金、社会福祉制度などのしくみによる現金・現物等の給付に差別なくアクセスする権利が侵害されること
⑤	パワーハラスメント （パワハラ）	パワハラの三つの要件は、①優越的な関係を背景とした言動であって、②業務上必要かつ相当な範囲を超えたものであり、③労働者の就業環境が害されるもの（労働施策総合推進法30条の 2 ） 単発的か反復的なものであるかを問わず、身体的、精神的、性的または経済的害悪を与えることを目的とした、またはそのような結果を招くもしくはその可能性のある一定の許容できない行為および慣行またはその脅威
⑥	セクシュアルハラスメント（セクハラ）	職場において行われる、労働者の意に反する性的な言動に対する労働者の対応によりその労働者が労働条件について不利益を受けたり、性的な言動により就業環境が害されること

⑦	マタニティハラスメント（マタハラ）／パタニティハラスメント（パタハラ）	労働者の妊娠・出産や、育児のため勤務時間の制限、育児休業等の申出・取得に関して、職場において行われる上司・同僚からの言動により、当該労働者の就業環境が害されること
⑧	介護ハラスメント（ケアハラスメント）	職場において、働きながら家族の介護を行う労働者に対して、介護に関する制度利用の妨害や、上司・同僚からの嫌がらせ等の言動により、当該労働者の就業環境が害されること
⑨	強制的な労働	処罰の脅威によって強制され、また、自らが任意に申し出たものでないすべての労働により、自由意思で働き、自らの仕事を自由に選ぶという基本的人権を侵害されること
⑩	居住移転の自由	本人の意思に反して居住地や移動を決定すること
⑪	結社の自由	使用者が労働者の有する労働組合加入の自由決定権を侵害したり、使用者が従業員による結社の決定を妨げたりすること 労働者が労働組合に加入しない、または労働組合から脱退することを雇用条件としたり、組合員であるという理由や、労働時間外または使用者の同意を得て労働時間中に、組合活動に参加したという理由などで解雇されたり、その他の不利益な取扱いをされたりすること
⑫	外国人労働者の権利	外国人であることを理由に賃金、労働時間その他の労働条件において差別的な扱いを受けること
⑬	児童労働	法律で定められた就業最低年齢を下回る年齢の児童（就業最低年齢は原則15歳、健康・安全・道徳を損なうおそれのある労働については18歳）によって行われる労働
⑭	テクノロジー・AIに関する人権問題	インターネットやICT（情報通信技術）を利用したさまざまなサービス、AI（人工知能）など新しい技術の普及に伴い人々の名誉毀損・プライバシー侵害や差別等の人権問題が生じること
⑮	プライバシーの権利	私生活、家族、住居、または通信に対して恣意的、不当、または違法に干渉したり、私生活上の事実情報、非公知情報、一般人なら公開を望まない情報をみだりに公開したりすること

		特に個人情報について、本人の了承を得ずに、取得、保管、公開または第三者への提供を行うこと
⑯	消費者の安全と知る権利	消費者の心身の健康を害するような製品・サービスの提供、および製品表示等における不当表示や消費者の知る権利の侵害
⑰	差別	人種、民族、性別、言語、宗教、政治的およびその他の意見、国籍または社会的出自、財産、出生、その他の状態（性的指向や健康状態、障害の有無）を含む、遂行すべき業務と何ら関係のない属性や雇用形態（正規・非正規）を理由に、特定個人を事実上、直接的または間接的に、従属的または不利な立場におくこと
⑱	ジェンダー（性的マイノリティを含む）に関する人権問題	生物学的・社会・文化的な性別役割に基づいて、就職の機会や賃金、労働環境などの待遇において差別または不当な扱いを受けること LGBT など、性的指向や性自認におけるマイノリティ当事者が、職場での日常的な差別や就職活動等で不利益を被ること
⑲	表現の自由	外部から干渉されることなく意見をもち、求め、受け取り、伝える権利を妨げること
⑳	先住民族・地域住民の権利	企業活動により、先住民族や地域住民のあらゆる人権を侵害すること
㉑	環境・気候変動に関する人権問題	企業が自らの事業活動において環境を破壊したり、大気・土壌の汚染や水質の汚濁を引き起こしたりするなどして、地域住民の「良い環境を享受し健康で快適な環境の保全を求める権利」を奪うこと 環境破壊や地球温暖化を加速させることが明らかな事業などに対し資金の提供を行うことを通じて、人権の侵害を助長すること
㉒	知的財産権	個人や企業等に属する知的財産権（著作権や特許権等）を侵害すること
㉓	賄賂・腐敗	企業が事業を行う中で、不正、違法、または背任にあたるような行為を引き出す誘因として、いずれかの人物との間で贈与、融資、謝礼、報酬その他の利益を供与または受領すること、または受託した権力を個人の利益のために用いること

㉔	サプライチェーン上の人権問題	企業のサプライチェーン上で人権侵害が発生すること
㉕	救済へアクセスする権利	企業が人権への負の影響を引き起こした際に、被害者が効果的な救済を受けるための適切で実効的なプロセス（事業レベルの苦情処理メカニズム）へのアクセスが確保されないこと

Ⅲ 各国の動向

1 国別の行動計画

上述の2011年の国連人権理事会における指導原則（2011年）の承認決議（本章Ⅰ3(3)参照）では、指導原則（2011年）の普及促進を図ることなどを目的として新たな作業部会が設置され、同作業部会は、各国に、指導原則（2011年）の普及、実施に係る行動計画を作成することを奨励した。

各国では、この奨励やその後のサミットなどでの首脳宣言[6]を受けて、行動計画の策定が進められている。

具体的には、2013年の英国による策定を皮切りに、現在、30カ国の国が行動計画を策定し、21カ国の国が策定プロセスにあるようである[7]。

わが国も、2016年11月に、行動計画の策定を決定する旨を公表した後、約4年を経て、2020年10月、ビジネスと人権に関する行動計画に係る関係府省庁連絡会議において、「『ビジネスと人権』に関する行動計画（2020-2025）」（以下、「行動計画」という）を公表している（本章Ⅳ1(1)および第6章Ⅱ1参照）。

2 法制化（ハード・ロー）

国別の行動計画は、各国の政府が指導原則（2011年）をどのように運用・

6　2015年開催のG7エルマウ・サミットの首脳宣言中に「我々は、国連ビジネスと人権に関する指導原則を強く支持し、実質的な国別行動計画を策定する努力を歓迎する」との文言が、また、2017年開催のG20ハンブルク首脳宣言中に「我々は、自国において、ビジネスと人権に関する国別行動計画のような適切な政策枠組みを構築するよう取り組むとともに、企業がデュー・ディリジェンスを払う責任を強調する」との文言が入れられている。

7　本書執筆時点（2024年4月）における〈https://www.ohchr.org/en/special-procedures/wg-business/national-action-plans-business-and-human-rights〉による。

実施していくかに関する国の政策文書であって、企業に対して強制力をもつ
ものではないが、行動計画の策定と並行して、世界各国で、企業に、奴隷労
働や人身取引が発生しないことを確保するためにとった措置等の公表を義務
づけたり、人権デュー・ディリジェンスの実施を義務づけたりする法制化が
進んでいる。これらの中には、刑事罰が定められているものもある。

　これらの法律は、義務の内容によって、以下のとおり、大きく分類するこ
とができる。

　英国や、オーストラリアなどの英国の「コモンウェルス」の国々では、奴
隷労働や人身取引といった「現代奴隷」に関して措った「措置」についての
「公表」義務に限定されている。

　オランダは、「児童労働」に限定している点では、英国などに類似するが、
「措置」についての「公表」にとどまらず、人権デュー・ディリジェンスの
実施と声明文の報告を義務づけるものとなっている。

　これに対し、フランスやドイツでは、「現代奴隷」や「児童労働」に限定
することなく、サプライチェーン上の人権に関するデュー・ディリジェンス
の実施を義務づけている。

　さらに、今後、EUでは、広く、バリューチェーン上の人権・環境・ガバ
ナンスに関するデュー・ディリジェンスの実施を義務づける内容の法制化が
予定されている。

　以上のような法制化が進む主要な国の法律の概要については、第6章を参
照されたい。

Ⅳ　わが国の動向

1　政府の動向

(1)　行動計画

日本政府（ビジネスと人権に関する行動計画に係る関係府省庁連絡会議）が、
2020年10月、行動計画を公表したことは上述のとおりである（本章Ⅲ1参照）。

　行動計画では、まず、日本政府が、行動計画の実施に取り組むうえで、特

に重要と考える優先分野として、以下の5分野が示されている（行動計画第
2章Ⅰ参照）。

①　政府、政府関連機関および地方公共団体等の「ビジネスと人権」に関
する理解促進と意識向上

②　企業の「ビジネスと人権」に関する理解促進と意識向上

③　社会全体の人権に関する理解促進と意識向上

④　国内外のサプライチェーンにおける人権尊重を促進するしくみの整備

⑤　救済メカニズムの整備および改善

行動計画は、このような基本的な考え方の下、これに関連する取組みを分
野別にまとめており、その前提となる各分野を大きく横断的分野（横断的事
項）と個別分野に分類している（行動計画第2章2⑴～⑷参照）。そして、個
別分野については、指導原則に示された3本の柱（①人権を保護する国家の義
務、②人権を尊重する企業の責任、③救済へのアクセス）を踏まえた三つの観点
から分類・整理している。

【横断的分野（横断的事項）】

①　労働（ディーセント・ワークの促進等）

②　子どもの権利の保護・促進

③　新しい技術の発展に伴う人権

④　消費者の権利・役割

⑤　法の下の平等（障害者、女性、性的指向・性自認等）

⑥　外国人材の受入れ・共生

【個別分野】

①　人権を保護する国家の義務に関する取組み

②　人権を尊重する企業の責任を促すための政府による取組み

③　救済へのアクセスに関する取組み

そのうえで、行動計画は、分野ごとに、既存の制度や政府が行ってきたこ
れまでの取組みを整理・確認した後、今後行っていく具体的な措置を担当省
庁とともに明記している。

14

　(2)　経済産業省ガイドライン

　2021年11月、行動計画のフォローアップの一環として、企業の取組状況を把握することを目的に、経済産業省と外務省が共同で実施した「日本企業のサプライチェーンにおける人権に関するアンケート調査」[8]（以下、「経済産業省・外務省アンケート調査」という）の結果が公表されたところ、同調査では、日本政府によるガイドライン策定等への強い要望が示された。また、他の多くのステークホルダーからも、企業による人権尊重の取組みの促進に関して日本政府によるイニシアチブを期待する声が上がっていたことから、日本政府（ビジネスと人権に関する行動計画の実施に係る関係府庁施策推進・連絡会議）は、2022年9月、「責任あるサプライチェーン等における人権尊重のためのガイドライン」（以下、「経済産業省ガイドライン」という）を公表した（第6章Ⅱ4参照）。

　経済産業省ガイドラインは、指導原則（2011年）、OECD指針、ILO多国籍企業宣言をはじめとする国際スタンダードを踏まえ、企業に求められる人権尊重の取組みについて、日本で事業活動を行う企業の実態に即して、具体的かつわかりやすく解説し、企業の理解の深化を助け、その取組みを促進することを目的として策定されている[9]。

　(3)　経済産業省実務参照資料

　経済産業省ガイドラインでは、「本ガイドラインの策定に合わせて、主に企業の実務担当者に対して、人権尊重の取組の内容をより具体的かつ実務的な形で示すための資料を経済産業省が作成・公表することを予定」しているとされる。

　これを受け、2023年4月、経済産業省から、「責任あるサプライチェーン

8　調査対象は、2021年8月末時点での東証一部・二部上場企業等（対象企業数2786社に対し、回答企業数760社）であった。

9　行動計画では、人権を保護する国家の義務の取組みの一つとして、人権教育・啓発があげられている。これを受けて2021年3月に、公益財団法人人権教育啓発推進センターにより公表された法務省人権擁護局「調査研究」報告書では、「詳細版」、「概要版」、「投影資料」（PPT資料）、「活用の手引」の四つで構成され、「活用の手引」には、各企業で「投影資料」を使用した社内研修ができるよう社内研修の講師役のセリフ案も掲載されるなどの工夫が加えられている。

等における人権尊重のための実務参照資料」（以下、「経済産業省実務参照資料」という）が公表されている（第6章Ⅱ5参照）。

　ただし、経済産業省実務参照資料は、企業による取組みの具体的な方法を指定・限定するものではない。あくまでも、取組方法の一例を示したものにすぎず、企業は、自社の状況を踏まえながら、自社に適した取組みを検討する必要がある。

2　企業の動向

　一般社団法人日本経済団体連合会（以下、「経団連」という）は、2017年11月、新たに「人権の尊重」の原則を追加する企業行動憲章の改定を行い、あわせて、「『企業行動憲章』実行の手引き」を改訂している。2017年11月8日の改訂（第7版）では「国際的に認められた人権」の尊重を会員企業に求め、その後の動向を踏まえ、2021年12月14日の改訂（第8版）および2022年12月13日の改訂（第9版）がなされている（【図表7】参照）。

　また、株式会社東京証券取引所により2021年6月11日に改訂されたコーポレートガバナンス・コードでも、補充原則2－3①に「人権の尊重」が明記された（【図表8】および第6章Ⅱ2参照）。

V　人権に関する取組みの必要性

　経済産業省と外務省が2021年11月に共同で実施した経済産業省・外務省アンケート調査（本章Ⅳ1⑵参照）によれば、回答した企業（760社）のうちの69％の企業が人権方針を策定しているものの、人権デュー・ディリジェンスを実施している企業は52％、人権の取組みを推進するにあたって、外部ステークホルダーが関与する機会を設けている企業は30％にとどまる。

　「ビジネスと人権」に関する社会的な関心が高まる中で、今後、企業の人権に関する取組みは、企業活動にますます大きな影響を与えることが予想される。わが国の企業には、人権に関するより一層の取組みが期待されるところである。

　先進的な人権に関する取組みは、【図表9】（上段）のように、売上の増加

【図表7】　経団連「『企業行動憲章』実行の手引き」

・経団連「企業行動憲章」(2017年11月8日改訂)	
（人権の尊重） 「4．すべての人々の人権を尊重する経営を行う」	
・「企業行動憲章」実行の手引き（第7版）（2017年11月8日改訂）	・「企業行動憲章」実行の手引き（第8版）（2021年12月14日改訂）
（改訂の背景） ①　人権に関する企業の役割への期待の高まり ②　人権に関する法制化の動き ③　人権尊重への取り組みによる企業価値向上 ④　包摂的な社会の実現への貢献	（改訂の背景） ①　人権の尊重は人類共通の不可欠な価値観 ②　人権を保護する国家の義務と、人権を尊重する企業の責任 コラム：国連「ビジネスと人権に関する指導原則」制定の経緯と3本の柱 ③　日本政府の対応と諸外国における法制化の動き ④　企業の自主的な取組みの重要性 ⑤　人権尊重への自主的な取り組みによる企業価値の向上 ⑥　国際社会で注目される人権課題 ⑦　Society 5.0における新たな人権課題 ⑧　包摂的な社会の実現への貢献
4-1　国際的に認められた人権を理解し、尊重する 4-2　人権を尊重する方針を明確にし、事業活動に反映する 4-3　多様なステークホルダーと連携し、人権侵害を受けやすい社会的に立場の弱い人の自立支援を通じて、包摂的な社会づくりに貢献する	4-1　国際的に認められた人権を理解、尊重し、企業としての責任を果たす 4-2　人権を尊重する方針を策定し、社内外にコミットメントを表明する 4-3　事業の性質並びに人権への負の影響リスクの重大性に応じて、人権デュー・ディリジェンスを適切に実施する 4-4　人権侵害の発生を未然に防止し、万一発生した場合には、速やかにその是正に努める 4-5　多様なステークホルダーと連携し、人権侵害を受けやすい社会的に立場の弱い人の自立支援を通じて、包摂的な社会づくりに貢献する

【図表8】　コーポレートガバナンス・コード

コーポレートカバナンス・コード (2021年6月11日改訂)
・補充原則2−3① 「取締役会は、気候変動などの地球環境問題への配慮、人権の尊重、従業員の健康・労働環境への配慮や公正・適切な処遇、取引先との公正・適正な取引、自然災害等への危機管理など、サステナビリティを巡る課題への対応は、リスクの減少のみならず収益機会にもつながる重要な経営課題であると認識し、中長期的な企業価値の向上の観点から、これらの課題に積極的・能動的に取り組むよう検討を深めるべきである」（下線は筆者）
・（改訂前）補充原則2−3① 「取締役会は、サステナビリティー（持続可能性）を巡る課題への対応は、重要なリスク管理の一部であると認識し、適確に対処するとともに、近時、こうした課題に対する要請・関心が大きく高まりつつあることを勘案し、これらの課題に積極的・能動的に取り組むよう検討すべきである」

やコストの減少、株式等価値の上昇などにもつながり、企業の利益の増加に作用することが指摘されている。

　他方で、人権に関する取組みが不十分である場合、ネガティブな影響として、【図表9】（下段）のような、①既存顧客や政府との取引の停止や不買運動などによる売上の減少、②罰金の発生や訴訟・損害賠償などによるコストの増加、③ブランド価値の毀損、株価の下落、投資の引揚げ（ダイベストメント）などによる企業価値の毀損など、企業にとって大きな損失につながるおそれがあることに留意が必要である。

　たとえば、マスコミなどによって、サプライチェーン上の委託先工場の人権侵害が指摘されれば、それへの対応に相当のコストと時間を割かなければならないこととなる。

　企業は、これらの影響を念頭におきながら、人権に関する取組みをより一層進めることが必要である。

　「ビジネスと人権」に関する社会的な関心が高まる今日、サプライチェーン上の人権リスクが顕在化した際に、ナイキ社がとったような「この問題は当社のものではありません。それらは当社の工場ではありません。当社はそ

【図表9】　人権に関する取組みが事業活動に与える影響

（人権に関する取組の充実による）ポジティブな影響	業績への影響	売上の増加	(a)新規顧客の開拓・既存顧客との関係強化
		コストの減少	(b)採用力・人材定着率の向上（≒採用コストの減少）
			(c)生産性の向上
	企業価値への影響		(d)ブランド価値の向上
			(e)株式等価値の上昇
（人権に関する取組の不足による）ネガティブな影響	業績への影響	売上の減少	(f)商品等の差別的要素や欠陥による販売停止・事業撤退
			(g)従業員離反による事業停滞・事業停止
			(h)既存顧客や政府との取引停止
			(i)不買運動の発生
		コストの増加	(j)罰金の発生
			(k)訴訟提起・損害賠償の発生
			(l)採用力・人材定着率の低下（≒採用コストの増加）
	企業価値への影響		(m)ブランド価値の毀損
			(n)株価の下落
			(o)ダイベストメント（投資の引揚げ）

法務省人権擁護局「調査研究」報告書より引用

うした工場と何らの資本関係もありません。当社は、単にその製品を買っているだけです」といった対応（本章Ⅰ2参照）は、到底許容されるものではないことに、くれぐれも留意する必要がある。

―――――――――― コラム　ラギー氏の「6つの戦略上の道程」 ――――――――――

　指導原則（2011年）が「ビジネスと人権」の国際的潮流を決定づけたことは、本文で説明したとおりである。

　指導原則（2011年）の策定は、「国家、ビジネス、市民社会が主な当事者となって、それぞれの異なった利害と要求を持って激しく論争し、分裂」する中での前例のない取組みであり、ラギー氏によれば、その承認に至るまでには、以下のような「6つの戦略上の道程」があったとされる[10]。

① 　共通の対話ができるような、最低限の共通認識の基礎をつくり上げること

② 　任務のプロセスの正当性を確保すること（被害者は関与したか。すべての利害関係者集団が意見を述べる機会を与えられたか、異なった国々やさまざまな状況が考慮されているかなど）

③ 　課題を前進させることを可能にしていく識見や影響力をもつ、新たな当事者を舞台に連れ出すこと

④ 　提案の中心的なもの（デュー・ディリジェンス・苦情申立メカニズム）が現場で実際にうまく機能することを示すために、現場テストを行うこと

⑤ 　詰めの戦略を立て、それを実行するための効果的な政治的リーダーシップを味方につけること

⑥ 　機会が存在するか機会をつくり出すことができる場合には、基準設定機関の間での基準の一致に向けて努力し、それによって可能な限りもっとも広範な組合せとなる実施メカニズムがもたらす、スケールメリットを達成すること（OECD指針、ISO26000など）

　利害が対立する状況の中で、当事者の意見を集約・収斂し、一つの道筋を見出すための参考になる貴重な見解である。

10　ラギー・前掲〈注2〉180頁。

第 2 章

人権リスクと
サプライチェーンの可視化

Human Rights Risks &
Visualization of
Supply chain

Ⅰ　サプライチェーンの可視化の意義

　サプライチェーンの可視化を理解するために必要な情報として、本章では、まず業界ごとに事業・サプライチェーンにおける人権リスクがどのように認識されているかを概観し（本章Ⅱ参照）、サプライチェーンの構造を理解・把握するうえで必要なビジネスモデルの種類を整理する（本章Ⅲ参照）。そして、これらを踏まえて、自社グループやサプライチェーンに新たな取引先を組み入れる段階における取引開始時の手続（以下、「オンボーディングプロセス」という）におけるリスク評価（本章Ⅳ参照）、サプライチェーンが拡大していく段階におけるリスク低減のための考え方を紹介し（本章Ⅴ参照）、最後に、サプライチェーンの可視化が人権リスクへの対応に不可欠であることを確認しておきたい（本章Ⅵ参照）。

Ⅱ　人権デュー・ディリジェンスにおける具体的な人権リスクの調査の視点

1　業界ごとの人権リスクの内容

　サプライチェーンにおける人権リスクの可視化をするために、まずは各業界においてどのような人権課題があるのかを把握することが有益である。

　特定非営利活動法人経済人コー円卓会議日本委員会（以下、「CRT日本委員会」という）は、2012年9月に、さまざまな業種の企業、NGO法人・NPO法人、学識有識者等の協力によりを得てニッポンCSRコンソーシアムを立ち上げ、事業活動と人権に関する関連性について議論するステークホルダー・エンゲージメントプログラム（人権デューディリジェンスワークショップ）を定期的に開催して「業界毎に重要な人権課題」の特定を行っている（最新版は2023年1月26日に公表された第12版。以下、「CRT日本委員会資料[1]」という）。

　CRT日本委員会資料では、製造業、製造業（IT）、化学・建築材料業、食

1　CRT日本委員会「業界毎に重要な人権課題〔第12版〕」〈https://crt-japan.jp/blog/2024/01/26/2023-human-rights-due-diligence-workshop/〉。

品・飲料業、製薬業、運輸・物流業、消費財（化粧品と日用品）業、アパレル業の合計八つの業界ごとに、各業界で考えられる人権課題が示されている。

　また、「責任あるサプライチェーン等における人権尊重のための実務参照資料」（以下、「経済産業省実務参照資料」という）の（別添1）参考資料[2]においても、事業分野別の人権課題がリストアップされており、参考となる。

2　人権リスクの調査の視点

　業界ごとの人権リスクの具体的な内容は前記1のような資料を参照いただくとして、ここでは、人権デュー・ディリジェンスに携わってきた過去の経験に基づいて、サプライチェーンの人権デュー・ディリジェンスの実施にあたって、海外のサプライチェーン上の企業に対して実際に現地に赴き、現地調査を行った際に実際にリスクが高いと認識した点等を人権リスクの視点としていくつかあげておきたい。ここで例としてあげている項目はこれらの観点を押さえておけばよい等といった網羅的な記載として提示しているものではない点について留意いただきたい。

(1)　労働時間・賃金の視点

　各種リソース（ヒト・モノ・カネ）の不足により、適切な設備投資がなされないことで長時間労働が発生したり、社員が退職した際に適切な人員補給がされずに長時間労働が発生したりするおそれ等があげられる。

　人権デュー・ディリジェンスで調査を行う対象の国によっては、周辺国からの移民労働者が多く勤務しているケースもあり、また、移民労働者の出身国と移民先の国の間で歴史的・文化的・政治的な対立する関係がある場合、不当に長い労働を強いられる、他の従業員と同等の労働であるにもかかわらず賃金が不当に低い、外国人であることや出身地によって差別的扱いを受けている等のリスクも重要な観点である。

(2)　労働環境における安全・衛生の視点

　安全や衛生についても人権デュー・ディリジェンスの際の重要な視点とな

2　経済産業省ガイドライン実務参照資料（別添1）　参考資料〈https://www.meti.go.jp/press/2023/04/20230404002/20230404002-2.pdf〉。

る。調査対象の企業周辺の住環境、衛生環境、治安、住民の生活水準等を理解することでどのような種類の人権侵害のリスクがあるのかについて想像することができる。調査対象の企業に到着した際には事務所や工場などの現場（製造業の場合）の見学を申し出て観察することを推奨する。現場において着目するべきは、やはり労働者の労働環境である。安全上の問題はないか、衛生的であるか等を確認する。これは視覚的に観察するだけでなく、騒音、匂い、熱や気温、湿度等、現場にいないとわからない環境なども十分に観察する必要がある。倉庫、食堂、トイレ等も許可を得て観察を行う。特に普段人が行かないような場所である倉庫の中を確認しておきたい。暑い地域においては給水の機会が適切に提供されているか、トイレが壊れていないか、衛生的かといったあたりが確認すべき項目となろう。国によっては社宅等を整備している場合があり、そちらも許可を得て観察をするべきである。

(3)　強制労働の視点

前記(1)でもあげた外国人労働者は、社宅や寮に住む代わりに、不当な労働や自分の国等へ自由に帰国を許されない場合があるため、労働契約書の内容や、帰国・海外への渡航等が実際に許されているか等を確認することを推奨する。このような移動の自由の侵害も強制労働となる場合がある点に留意いただきたい。

(4)　差別的扱い・ハラスメント・性被害等の視点

本書の視点から考えると、自社が従業員に対して差別的扱いをしていなかったとしても、自社とかかわりのあるサプライチェーン内部において差別的扱いがある可能性も視野に入れるべきである。サプライチェーンにおける労働者の採用や就業状況が把握できていない結果、間接的に差別に与する可能性が懸念される。

国によっては女性の立場が極端に弱い場合があり、こういった場合は差別的な扱いにとどまらず、ハラスメントや性的な加害行為が行われている場合もある点が見逃せない。また文化的・宗教的な視点において性的マイノリティ（LGBTQ＋等）が受け入れられない場合もあるため、調査対象の企業等の

おかれている社会的・文化的・歴史的・宗教的な背景なども理解・把握した
うえで人権リスクを検討する必要がある。

　(5)　救済の視点

　社内における救済プロセスのみならず、社外における救済プロセスの未整
備も懸念事項として考えられる。指導原則（2011年）や各種ガイドラインの
通報窓口・救済窓口における要求事項において、サプライチェーンを包含し
た救済プロセスの検討の必要性が論じられており、それに応じて社内におけ
る救済プロセスは包含できている一方で、海外のグループ会社やサプライチ
ェーン全体を包含できていない企業も多くあるようである。これらの原因と
しては、窓口の設置について、企業情報の発信不足や、多言語が未対応であ
ること、商習慣により救済・通報窓口の利用が進まない等の要因から、救済
対象者自身が救済の手段についての知識がない場合も考えられる。

　このほかにも、救済・通報窓口のしくみ上の問題として、問合せ先の表示
がメールやチャットのみで、電話番号の記載がなく、通報者が電話番号にア
クセスするまでに著しく労力を要する、あるいは、サプライヤーの通報者に
おいては、納品先の担当者の連絡先は知っているものの、立場上、担当者に
は通報内容を相談できないおそれや、従業員からの通報者であっても、心理
的安全性が確立できていないため、相談窓口を信用することができず、問合
せがしにくい状況に陥ってしまうことも考えられる。また、障害者など窓口
へのアクセスが難しい人々の状況を考慮に入れていないおそれも考えられる。

　そのほかにも、外国人労働者は、救済の実行のプロセスにおいて、言語や
文化の壁があることにより救済内容に格差が発生してしまうおそれも考えら
れる。また、仮に救済にまで至ったとしても、通報者の保護が十分に対応で
きていない場合は報復が発生したり、同様の問題が再発したりするおそれも
懸念される。

III　ビジネスモデルの種類

　サプライチェーンの構造を理解・把握するには、まずは、「ビジネスモデ

ル」の種類を整理しておくことが必要になろう。

　ここでいうビジネスモデルとは、事業における全体的な枠組みのことであり、ヒト、モノ、カネ、情報がどのように流れていて、どのように収益を得ているのか、どのように価値を生み出しているのかといったことを指している。ビジネスフローを書き起こし、事業に係る重要なステークホルダーや取引を理解することで、これらに伴うリスクの理解が進むことになる。

　そこで、ここでは、いくつかの典型的なビジネスモデルをみてみたい。

1　販売モデル（製造販売モデル）

　販売モデル（製造販売モデル）とは、いわゆるモノをつくって売るといった基本的なビジネスモデルである（【図表10】参照）。自社で製造をする場合は原材料を仕入れ、これに加工を加えることで製品を完成させ、顧客へ販売するといった最も一般的なビジネスモデルのことをいう。

【図表10】　販売モデル

　製造会社の場合、モノを製造する際に必要となるサプライチェーンがこのモデルに加わり製造工程が複雑となる、サプライヤー網がグローバルに展開している、下請業者や二次加工委託等の外注業者が加わる、顧客への販売に自社グループのディストリビューション・チャネル（商品の売買を決定する手段）が複雑に張り巡らされている等、サプライチェーン全体はより複雑となっていることが多い（【図表11】参照）。サプライチェーンの複雑さはサプライチェーンにおけるコンプライアンスリスクの複雑さに関連するため、リスク評価を行う際に必ず最初に把握するべき項目といえる。

【図表11】　サプライチェーンを含めた販売モデル

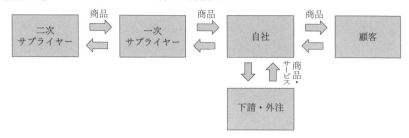

2　小売りモデル

　小売りモデルとは、商品を仕入れて売るという、こちらも一般的なビジネスモデルである（【図表12】参照）。

【図表12】　小売りモデル

　仕入先や、小売りの店舗が複数あることで、各店舗に配置されている店員等の行動や判断が可視化しづらいためコンプライアンスが遵守されているかわかりづらい場合もある。また、仕入先から製造元までどのようにさかのぼるのか、どこまでさかのぼるべきか等、ブラックボックスとなっているチェーンにおいてリスクが懸念される。

【図表13】　製造元が別にある小売りモデル

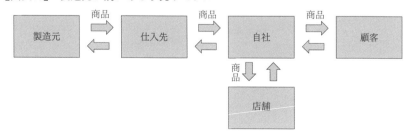

　仕入先は、直接製造元から仕入れを行っているケースもある（【図表13】参照）。製造元から仕入先が直接仕入れを行い、間接的に自社へ販売を行っている小売業の場合では、参入障壁が比較的低く、多数の競合他社が存在するため、価格や商品自体の他社との差別化を図ることが必須となり、サプライチェーンにおいて仕入先を戦略的に決めていくため、仕入先が複数にわたる。また、サプライチェーン全体が広範囲にわたる場合が多い。こうした、広いサプライチェーン全体を把握するためには、直接仕入先だけでなく製造元までさかのぼり、人権侵害のリスクを可視化していく必要がある。

3　レンタルモデル

　レンタルモデルとは、商品のレンタルを行うビジネスモデルである（【図表14】参照）。自社が所有する資産を顧客に貸し出すことで対価を得る形態のビジネスモデルで、顧客へ所有権の移転は行われないが、顧客が一時資産の占有をする。

【図表14】　レンタルモデル

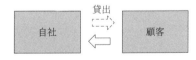

　レンタルモデルは、自社の資産を繰り返し貸与するため、故障などに対する保守・メンテナンスが必要となることがある。レンタルDVDなど、自社は商品を保有したまま、その商品を貸し出すことで収益を得る。販売モデルより、仕入コストは下がるが、貸し出すモノに対する継続的な保守・メンテナンスのコストは増えることになる。

【図表15】　保守委託・レンタル資産の購入先のあるレンタルモデル

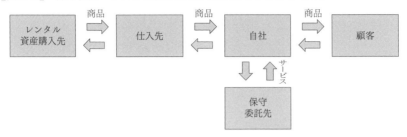

　自社がレンタルで使用する資産は初期においては外部から仕入れを行うことになるが、現物を販売、所有権移転の移転を行うことなく、繰り返し同じ商品をレンタルし収益を得るため、当然仕入れの回数は販売モデルより少なくなるが、繰り返しレンタルで貸し出すことになれば、汚損によるクリーニングの必要性や、破損、故障の場合に備え、復旧する必要性を考慮することになる（【図表15】参照）。このように、レンタルモデルでは、商品が顧客の手に渡るような販売モデルとは異なり、追加的な業務を考慮する必要がある。

4　ライセンスモデル

　ライセンスモデルとは、IP（Intellectual Property）の利用権利の販売をするという形態のビジネスモデルである（【図表16】参照）。販売モデルとの大きな差異は、所有権が購入者へ移転しないという点にある。自社で開発した技術の利用権、自社で保有しているキャラクターの利用権、フランチャイズとしてビジネスへの参加利用権、ブランド名の利用権等を販売し、その対価としてロイヤリティ収入を得る。

【図表16】　ライセンスモデル

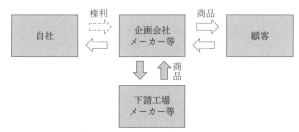

5　プラットフォームビジネスモデル

　プラットフォームビジネスモデルとは、商品・サービスの売り手と買い手をつなぐプラットフォームを提供するビジネスモデルである（【図表17】参照）。プラットフォームビジネスモデルには、商品等を売買する場を提供するマーケットプレイス型、人同士を結びつけるマッチング型等があるが、実際の売買取引についてはプラットフォームへの参加者自身がプラットフォームの場を活用することで顧客へ商品等を販売することになり、プラットフォーム提供者である企業は実際の取引に対して関与しない場合が多い。このため、プラットフォームの利用者が適正な取引先なのか等確認するべき事実がブラックボックスとなりやすい。プラットフォームを提供する手数料を収入とするプラットフォームの提供企業にとって、プラットフォーム利用者である顧客が受けるリスクを十分に可視化することは難しいといえる。

【図表17】　プラットフォームビジネスモデル

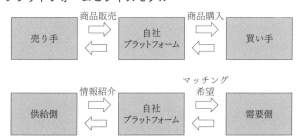

　また、プラットフォームビジネスモデルでは、各目的によって、さまざまなタイプが登場している。需要と供給者をつなぐ仲介型、サービス提供のためのOS型、ツール等の提供を行うソリューション型等があげられる（①〜③参照）。

① 仲介型プラットフォーム　　商品、サービス、スキル、ジョブ等の需要者と供給者をマッチングさせるプラットフォームを指す

② OS型プラットフォーム　　さまざまなサービスのOS的役割を担い、サードパーティのサービスを提供するプラットフォームを指す

③ ソリューション型プラットフォーム　　デジタルツールの提供等、ソリューションの提供を行うプラットフォームを指す

6　サブスクリプションモデル

　サブスクリプションモデルとは、プラットフォームビジネスの一種ではあるが、特にコンテンツを提供するサービスの利用権利を顧客に定期購入させるというもので、最近のITビジネスにおいて採用されているビジネスモデルの一つである。（【図表18】参照）。フリーミアム[3]を導入し、新規顧客の獲得をめざし、提供するコンテンツ等のサービスの質を上げることで顧客の退会率を低減することが重要なポイントとなる。

【図表18】　サブスクリプションモデル

3　フリーミアムとは、初期段階においては、基本的なサービス、製品自体を無料で提供等し、さらに本格的、高度な機能やさらなるコンテンツを追加する際には、料金を別途課金するしくみのビジネスモデルである。初期段階では、サービスが無料であったり、製品の提供コストが非常に小さい（あるいは軽微なもの）であるため、ウェブサービス、ソフトウェア、ゲームや映像等のコンテンツのような無形のデジタル商品との親和性が非常に高く、活用されることが多い。

7　広告モデル

広告モデルとは、認知の集まる場をつくり出し、認知の場を提供することで収益を得るビジネスモデルである（【図表19】参照）。広告主がいわゆる主たる顧客にあたり、広告主の商品等の顧客に対して商品の認知を促す（CM、雑誌広告等）。この認知のプロセスと並列してコンテンツの販売を行うこともある（雑誌等）。

【図表19】　広告モデル

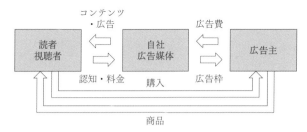

広告媒体の制作については自社で行う場合と下請業者に委託する場合がある（【図表20】参照）。

【図表20】　下請委託を含めた広告モデル

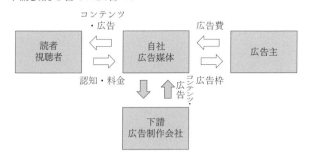

また、コンテンツ、広告の製作に関してはコンテンツ提供者、広告への出演者等多数の取引先、ステークホルダーが関与することになる。これらの多くのステークホルダーにおけるリスクを可視化することは、各社の思惑や目

的が異なる場合も多いため、ビジネス上のリスクが複雑に絡まっている場合もあり、リスクの可視化はその他のビジネスモデルより複雑になりがちである。

Ⅳ　サプライヤーオンボーディングプロセスにおけるリスク評価

　前記Ⅲのとおり、各ビジネスモデルを概観いただいたことで、ビジネスモデルによっては直接取引先以外のステークホルダーが、サプライチェーンへ大きな影響を与えつつ複雑に絡まっていることについて理解できたと思う。ここでは、それらを踏まえて、自社グループやサプライチェーン上のオンボーディングプロセスにおけるリスク評価について考えてみたい。

　自社グループがサプライチェーンを構築していく際に、特にリスクを十分に吟味すべきサプライチェーン上のプレイヤーとしてのステークホルダーは、当然ではあるが直接取引を行う企業となる。このような直接の取引先とは、取引を最初に開始する際には十分な吟味を行う必要がある。新規の取引先に関する情報を収集し、コンプライアンスリスクの評価を実施し、サプライチェーンに参加することを正式に承認するプロセスのことをサプライヤーオンボーディングプロセスと呼ぶ。

　このオンボーディングプロセス（【図表21】参照）において、反社会的勢力であるか、または経営者、関係会社、取引先等において何らかの関連性があるかなどの確認（反社チェック）は日系企業においても最低限実施するべきリスク評価であると認識されており、実際に実施されているケースが多いといえる。このほかに、サプライヤーが提供する製品／商品やサービスが適切な品質を保持していて、継続的にモノ・サービスを供給することが可能な企業の状態であるか等についても評価されることは多い。ただし、コンプライアンスリスクについてはどうだろうか。コンプライアンス違反を起こしていた、現在コンプライアンス違反の問題を抱えている、将来においてリスクが顕在化する可能性が一定以上レベルで認められたとき、はたして取引を開始

33

すべきか否かの評価を行っているか、社内のプロセスを今一度見直しを行うべきである。ここでのコンプライアンス違反の対象とはいわゆる法規制に反している、そのために何らかの罰則を被っただけではなく社会一般に要求されている水準の規範を逸脱している等についても含まれる。

【図表21】　オンボーディングプロセス

Ⅴ　サプライチェーンの広がりとリスク低減のための考え方

　一方、サプライチェーンが拡大していく段階におけるリスク評価について考えてみたい。

　ここではまず、サプライチェーンを構成しているステークホルダーがどのくらいの広がりがあるのかについて考えてみたい。【図表22】では自社を中心に配置し、自社に関連のあるサプライヤーを放射線状に配した。周縁部にいけばいくほど自社との関係性が薄くなっていく、つまり統制の強度が弱くなっていくことを示している。そうしたサプライチェーンの広がりを表現している。

　また、【図表23】は、自社（総括部門・事業部）、子会社、直接取引先（一次サプライヤー）、二次取引先（二次サプライヤー）等とのつながりを示したものである。

　事業部レベルにおいては発生する事象や関係者も主として自社内であるため、自社のガバナンスや内部統制が及ぶ範囲であり、経営者の責任においてこの範囲は当然に十分なリスクの可視化とリスク低減措置が要求される。

　子会社においても株主としての権限によるガバナンスを利かせることができる範囲であるが、弊社の経験とさまざまな企業との対話を踏まえると、日系企業において、特に海外子会社に対するガバナンスについていまだ十分で

【図表22】　サプライチェーンの広がり

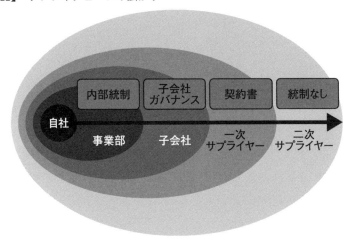

【図表23】　本社―子会社・委託先とのつながりと人権リスク

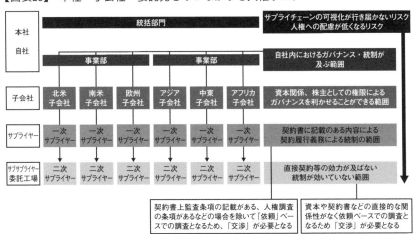

ないケースがあることも事実である。

　一次サプライヤーとの関係では契約書の記載内容により、契約履行義務を要求できるため、契約書にどのような事項を記載するかが重要となってくる。

ここでは契約書締結を起点とした統制を行うことが要求されることになる。ここでも過去の経験上、日系企業における契約書の活用方法が十分でないケースが多く見受けられる。日本国内における取引においては、取引開始時、取引継続の検討においてともに信頼関係を重要視する傾向があり、契約書に統制を強化する条項を含めることはこの信頼関係を崩すことになると考え、契約書の内容が非常にあいまいとなる、または統制強化の目的として契約書が活用されていないケースが非常に多い。国際的取引において、特にグローバルにサプライチェーンが広がっている場合のコンプライアンスリスクの低減のための数少ない対策の一つである契約書を、より効果的に活用することを再考する必要がある。今回実施を検討している人権デュー・ディリジェンスの手続の中の是正のアクションにおいて契約書の見直し、更改などを取引先への対話や教育を行い、実行していくことを推奨する。

　二次サプライヤーについては契約書による統制が期待できない。このため、一次サプライヤーに対する統制の中に二次サプライヤー等に対する考え方についても含めるべきであるし、またサプライチェーンに参画している企業全体に対して、自社としてのグローバルサプライチェーンに対するグローバル購買方針を策定したうえで周知教育を行うような継続的な対話・交渉等のコミュニケーションを実施することが唯一の対策となってくる。このような強制力を利かすことのできないサプライヤーに対する影響力の行使については、日系企業は非常に弱いケースが多い。グローバルサプライチェーンを管理・統制するにあたっては、このような影響力の行使を継続的に行うことが可能な体制や人員等のリソース確保はコンプライアンスリスクの低減を行うために非常に重要な点といえる。

Ⅵ　サプライチェーンの可視化のプロセス

　人権デュー・ディリジェンスに限らずコンプライアンスリスクを適切に把握するためには、リスク評価の対象についてまずは適切に可視化・把握することから始めることが重要である。自社および自社グループ会社については

ある程度リスクの可視化を行うことは適切なグループ会社ガバナンスの体制を構築し内部統制を整備運用している企業であれば比較的容易であり、経営者の責任において実態把握を行うことは経常的に要求されている。しかし、サプライチェーンに対する可視化については一部の業界を除いて全体の把握ができている企業はごく一部ではないだろうか。

　サプライチェーンの可視化のプロセスとして（【図表24】参照）、一次サプライヤー（直接顧客や直接仕入先等）についての可視化については購買システム、販売システム等の基幹システム内に仕入先マスターや顧客マスターとして登録されているはずであるため、まずはこのような関連システムのマスターデータを基にリスト化を実施することを推奨する。ここで重要な点は、システムのマスターデータが適切に情報更新されているか、未登録のサプライヤーで重要なものはないか等、システムのマスター情報自体の信頼性をビジネスの事業部の担当者などに確認することを推奨する。特にここ数年内にシステムの入替え等を行っている場合、過去のマスターの引継ぎや新規登録等の情報が反映されているかについて確認する必要がある。さらに二次サプライヤー等の重要なサプライチェーンの構成要素である企業については事業部や子会社から一次サプライヤーに対して問合せを行い、二次サプライヤー等の企業の状況を把握することは重要である。しかし直接の取引先でないため、契約書の締結を行っていない先に対する働きかけは難易度が高い。定期的に自社のサプライチェーンを構成する企業とのコミュニケーションの場を設定し情報収集を行う、定期的にアンケートによる調査を実施する、オンボーディングプロセスと継続取引判定における手続で定期的に情報収集を行う企業もある。

【図表24】　サプライチェーン可視化のプロセス

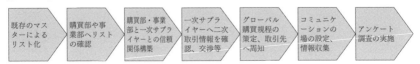

既存のマスターによるリスト化　→　購買部や事業部へリストの確認　→　購買部・事業部と一次サプライヤーとの信頼関係構築　→　一次サプライヤーへ二次取引情報を確認、交渉等　→　グローバル購買規程の策定、取引先へ周知　→　コミュニケーションの場の設定、情報収集　→　アンケート調査の実施

　購買部や事業部が日常的に信頼関係を構築している取引先からは情報収集が進むが、そのような関係にない取引先で自社事業に重大な影響を及ぼす場合は、グローバル購買規程など正式な企業としての方針を打ち出し、周知することから開始する必要があり、相応の期間を要することになる。

第 3 章

デロイト人権サーベイ2023による
日本企業の現状調査

Human Rights Survey 2023 by Deloitte ～ Current Status of Japanese companies concerning Human rights measures

Ⅰ　デロイト人権サーベイ2023の実施

1　調査の目的・実施方法

　2011年6月、国際連合（以下、「国連」という）の「ビジネスと人権に関する指導原則：国際連合『保護、尊重及び救済』枠組実施のために」（以下、「指導原則（2011年）」という）公表後、「ビジネスと人権」への対応について欧米におけるグローバル企業を中心に取り組まれてきているが、特に2022年2月、欧州委員会による「企業サステナビリティ・デューディリジェンス指令案」（以下、「欧州委員会指令案」という）と日本の経済産業省から公表されている「責任あるサプライチェーン等における人権尊重のためのガイドライン」（以下、「経済産業省ガイドライン」という）の後に多くの日系企業が対応を開始している。2023年に入り、欧州委員会指令案に基づいてドイツでは「サプライチェーン・デュー・ディリジェンス法」（以下、「ドイツ　デュー・ディリジェンス法」という）が施行され、英国の「現代奴隷法」（以下、「英国現代奴隷法」という）、フランスの「企業注意義務法」（以下、「フランス企業注意義務法」という）に加えドイツで人権に関する罰則を伴う法規制が発足し、欧州にサプライチェーンをもつ日系企業に対しても欧州などの顧客から人権対応を要求されるケースが増加している。

【図表25】　所属組織の形態

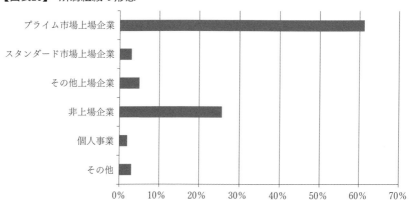

　ここではビジネスと人権への具体的な取組みについて解説をしていく前に、日系企業においてビジネスと人権に対する現在の取組み状況はどうなっているのかをみていきたい。現在の日系企業における人権に対する意識や取組み状況などを調査するため、デロイトは2023年10月〜11月に日系上場企業を中心に500社を超える企業に対してオンラインで協力依頼を行い、2カ月間の回答期間を設け、100社を超える大企業よりオンラインによる回答を得ることができた。以下の「人権サーベイ2023」は本調査結果に加え、弊社の蓄積された知見や筆者の経験等に基づいて考察を加えて記載しているものである。企業における今後のビジネスと人権に対する取組みにぜひ参考情報として有効活用していただきたい。

　ここからはデロイトが実施した「人権サーベイ2023」の結果について解説したい。

2　回答した企業

　まずはサーベイに回答した企業だが、全体の61％が東京証券取引所プライム市場上場企業、26％が非上場企業であった（【図表25】参照）。非上場企業の内訳としては、従業員数1000名以上の会社は35％、売上高100億円以上の会社は50％である。プライム市場上場企業の売上高要件は100億円以上と設定されているところ、非上場企業についても、大規模な企業が半数以上を占めているといえる。このため、本サーベイ全体として、大規模な企業の意見を反映している傾向にある。

　回答した企業を産業別にみてみると化学が15％、情報・通信業が9％、輸送用機器が8％、サービス業が8％、電気機器が7％、小売業が7％となっている（【図表26】参照）。

　特に回答の多かった化学系企業の内訳としては、その多くが売上高1000億円以上、従業員数1000人以上の大企業であり、海外拠点を有し、海外との取引が半分以上を占める企業が8割を超える。

　一方で、回答者が多かった産業のうち、サービス業、小売業、金融・保険業・銀行業については、海外との取引が半分以上を占める企業は半数に満た

【図表26】　所属組織の産業分類

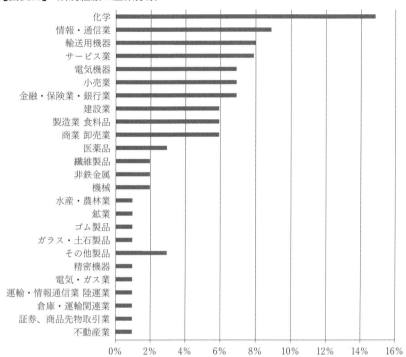

【図表27】　所属組織の海外拠点の有無

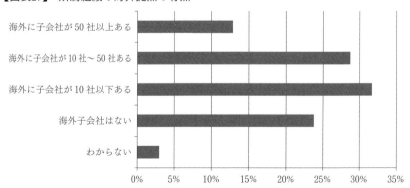

ず、国内取引が比較的多い。

　回答した企業の大半が「海外に子会社がある」との回答であった。1社以上でも海外に拠点をもっている企業の数は73％であり、回答した企業はグローバルサプライチェーンの影響を受けていると理解できる（【図表27】参照）。

　プライム市場上場企業では、「海外に子会社が10社～50社ある」が42％、「海外子会社はない」が5％となっている一方、非上場企業では、「海外子会社はない」が50％となっている。上場企業ほど海外拠点が多い傾向があるという回答結果となった。

　海外拠点別では、東・東南アジアに拠点をもっている企業は海外拠点数が少なく、北・中央・南アフリカ等、日本から遠方の地域へ進出している企業は海外拠点数が多い結果となっている。

　また、海外との取引においても少なくとも取引の10％以上は占めている企業は合計で67％であった。ここからも回答企業はグローバルサプライチェーンの影響を受け、かつ経営においてもグローバルビジネスのトレンドや要求事項に対して真剣に向き合い、対応していく責任を有しているといえる。

　プライム市場上場企業では、「海外企業との取引が半分程度以上ある」「海外企業との取引が半分に満たない」と回答した企業が多く、非上場企業は「海外企業との取引が半分に満たない」「海外企業との取引がほぼない」と回答した企業が多い（【図表28】参照）。

　進出拠点別では、中央アジア・中央アフリカに進出している企業は海外企業との取引が70％を超えており、日本から離れた地域へ進出している企業ほど海外取引のボリュームが多い。

　回答企業のうち22％が売上規模が1兆円以上、15％が5000億円から1兆円、25％は1000億円～5000億円となっており、全体の62％が1000億円超の企業であることがわかる（【図表29】参照）。

　取引と同様、従業員数においても10,000名以上の企業は全体の30％程度とわかる（【図表30】参照）。従業員規模と海外拠点数・海外取引割合の関係では、海外事業が大きいほど従業員数が多いという結果となっている。10,000

【図表28】　所属組織の海外取引の有無

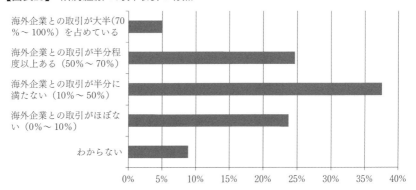

【図表29】　所属組織の売上規模

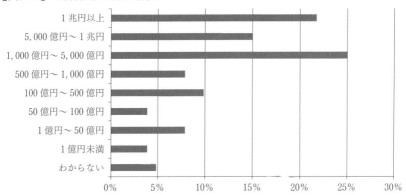

人以上の規模の企業は、グローバルでのビジネス展開を行っている企業が非常に多い傾向があるという結果となった。

　自社の海外子会社で進出している地域については東南アジア地域が71%、東アジア地域が63%、北米地域が61%、西ヨーロッパ地域が54%という結果であった（【図表31】参照）。人権リスクが高いと一般的にみられるアジア圏において、現在も子会社が多いことがうかがえる。また、他方で人権の法制化が厳格化してきている西ヨーロッパ地域に拠点がある企業においては、人

【図表30】 所属組織の従業員規模

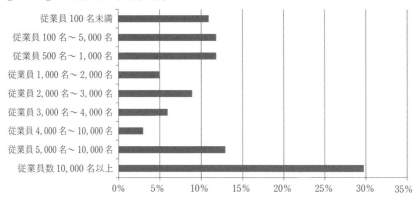

【図表31】 所属組織の進出拠点・直接取引地域

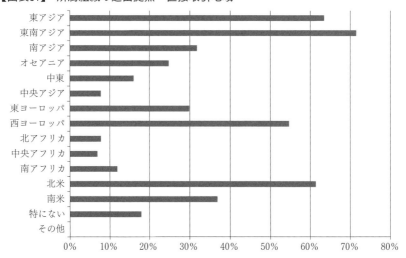

権遵守状況に対するリスク評価などの可視化を実施することは経営責任として も要求されるといえるだろう。

　進出先の地域別にそのほかの地域へ進出の割合を分析した結果（マトリクス分析）（【図表32】参照）、たとえば東アジア地域へ進出している企業で同時に東南アジア地域へ進出している企業は86％で、また同時に西ヨーロッパ地

【図表32】　進出の地域

大陸名	東アジア	東南アジア	南アジア	オセアニア	中東	中央アジア	東ヨーロッパ	西ヨーロッパ	北アフリカ	中央アフリカ	南アフリカ	北米	南米
東アジア	100%	86%	47%	36%	23%	13%	42%	72%	13%	11%	19%	81%	53%
東南アジア	76%	100%	44%	35%	22%	11%	42%	75%	11%	10%	15%	81%	50%
南アジア	94%	100%	100%	47%	38%	19%	69%	84%	25%	19%	31%	84%	75%
オセアニア	92%	100%	60%	100%	48%	20%	60%	88%	24%	24%	36%	96%	64%
中東	94%	100%	75%	75%	100%	38%	88%	100%	38%	38%	56%	100%	88%
中央アジア	100%	100%	75%	63%	75%	100%	75%	100%	75%	63%	63%	100%	100%
東ヨーロッパ	90%	100%	73%	50%	47%	20%	100%	97%	23%	20%	37%	100%	87%
西ヨーロッパ	84%	98%	49%	40%	29%	15%	53%	100%	15%	13%	20%	96%	62%
北アフリカ	100%	100%	100%	75%	75%	75%	88%	100%	100%	75%	88%	100%	88%
中央アフリカ	100%	100%	86%	86%	86%	71%	86%	100%	86%	100%	86%	100%	86%
南アフリカ	100%	92%	83%	75%	75%	42%	92%	92%	58%	50%	100%	92%	92%
北米	84%	94%	44%	39%	26%	13%	48%	86%	13%	11%	18%	100%	58%
南米	92%	97%	65%	43%	38%	22%	70%	92%	19%	16%	30%	97%	100%

域へ進出している企業は72%、同時に北米地域へ進出している企業は81%となっている。これは東アジア地域へ進出している企業は、東南アジア・西ヨーロッパ・北米地域の３地域へ同時に進出しているケースが多いということを表している。

　南アジア地域へ進出している企業は東ヨーロッパ地域へ69%進出している。中央アジア地域、北アフリカ地域、中央アフリカ地域、南アフリカ地域へ進出している企業は各地域へ平均的に進出していることがわかる。南米地域への進出企業はほとんどの場合北米地域へ同時に進出している傾向がある。

Ⅱ　日本企業の現状

1　人権についての理解度と人権教育の程度

　人権についての理解度を聞いたところ、「人権について一般的な理解をしていると思う」が１位（72%）、「人権とは何か明確に定義を理解している」が２位（21%）で、人権に対する明確な定義の理解よりは一般的な理解度をもっている割合が高かった（【図表33】参照）。しかし、自分の所属する組織（企業など）で人権侵害が発生するリスクについて、一般的な理解をしてい

【図表33】　人権についての理解度

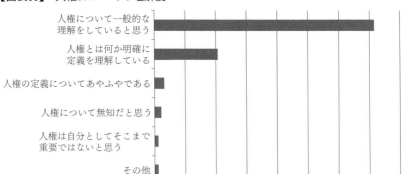

ると思うと回答したもののうち「リスクは低い（36％）」「リスクは高い（26％）」と回答している。人権とは何かについて明確に定義を理解していると回答したもののうち、「リスクは低い（47％）」「リスクは高い（33％）」と回答している。人権を理解しているからといって必ずしも人権リスクが低いと感じているとは限らないという結果となった。

　また、「人権について一般的な理解をしていると思う」と回答した企業のうち、自分の所属する組織（企業など）で何らかの人権に関する教育を実施している割合は71％となっている（【図表34】参照）。このため、人権に対する理解について人権教育は重要な役割を担っていることがわかる。

2　人権侵害に対する行動

　所属組織内で人権侵害を見聞きをしたと仮定した場合の行動を聞いたところ、全体の61％が「人権侵害を見聞きした場合、人事部、コンプライアンス部門へ必ず報告をする」と回答しているが、これに比べ「内部通報する」と回答があったのは26％にとどまっている（【図表35】参照）。これは内部通報などの制度やしくみの利用よりも直接的に所管部門へ報告することを選択するケースが非常に多いという傾向にある。なお、「人権侵害の事実を必ず内部通報する」と回答している者のうち、一般の内部通報窓口と同じ窓口で人

47

【図表34】　人権教育の程度

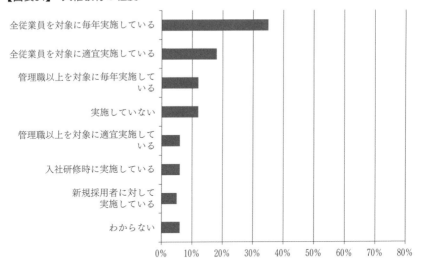

【図表35】　所属組織内で人権侵害を見聞きしたと仮定した場合の行動

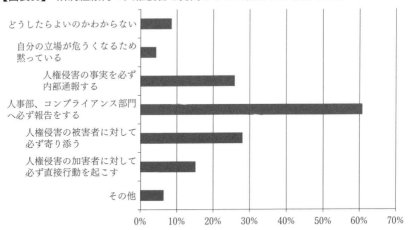

権分野も扱っている企業は58％であった。専用の窓口設置はまだ進んでいない状況である。内部通報制度の周知や教育、効果的な活用について再考する必要があるといえる。

【図表36】　国際社会と比較して日本における人権侵害の意識はどのレベルと思うか

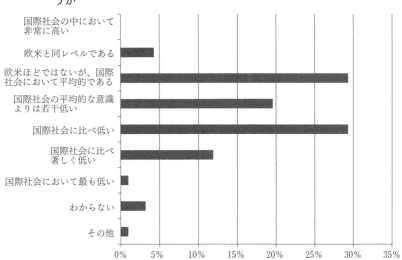

3　日本における人権侵害の意識のレベル

　国際社会の中で日本社会は人権侵害に対する意識はどのレベルと思うかという質問に対する回答は、「国際社会の平均的な意識よりは若干低い」「国際社会に比べ低い」「国際社会に比べ著しく低い」を合計すると61％にも上ることが判明した（【図表36】参照）。

　回答者の29％は「国際社会において平均的である」と回答しているものの、これはグローバルサプライチェーンにおける影響に直面し、かつ、ここ数年継続的に発生している人権侵害のニュースなどを受け、日本社会は人権遵守に対して甘い、日本人一般の意識も低いのであると気がつき始めている証拠であろう。欧米からは従前より日本社会、日本のビジネスでは人権が軽視されているという見方をされていたが、ようやく日本のビジネス界においても目線が合ってきたということだろう。このことからも「ビジネスと人権」に対する対応は企業、経営者、事業にかかわる全員にとって重要な取り組むべき課題であると理解する必要がある。

【図表37】　所属組織内において業績向上と人権どちらが重視されるか

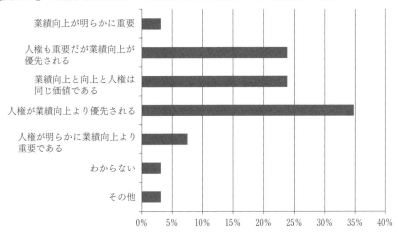

4　業界と人権の重要性の比較

　業績と人権の重要性を比較した質問には、程度の差はあれども、企業の価値観として、全体の27％が「人権より業績向上が優先されている」と回答している（【図表37】参照）。このことからも国際社会に比べ日本企業における人権に対する意識はいまだ低く、企業は業績を優先しているケースがまだまだあるということである。ただし、42％の回答者が「人権が業績向上より優先される」と回答しており、意識の変革がまさに現在起き始めていることだろうということがわかる。

5　人権侵害の種類とリスク

⑴　人権侵害の種類と自社の人権リスク

　人権侵害の種類として認識しているものを比較した場合（【図表38】参照）、各種ハラスメント（パワーハラスメント、セクシュアルハラスメント、マタニティハラスメント、介護ハラスメント、SOGI[1]ハラスメント等）（96％）が人権侵

1　SOGI とは Sexual Orientation and Gender Identity の略で、「性的指向と性自認」という意味である。「LGBTQ＋」は、対象者をレズビアン、ゲイ、バイセクシュアル、トランスジェンダー、クエスチョニング／クィアを指すのに対し、「SOGI」はすべての人がもつ、性的指向と性自認を指す。

【図表38】 人権侵害の種類としてよく理解しているものはどれか

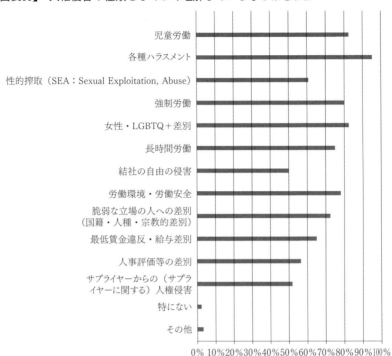

害の中では最も認知されている類型ということがわかる。次に児童労働
（83％）、女性・LGBTQ＋差別（83％）、強制労働（80％）と続き、性的搾取
（SEA：Sexual Exploitation, Abuse）（61％）、結社の自由の侵害（50％）の順で
あった。その中でも、「性的搾取」と「結社の自由」の侵害の2分類の理解
度は比較的低いものとなっている。特にこの2分類については、自分の所属
する組織（企業など）においても低い結果となっており（【図表39】参照）、
十分に理解できていないといえる。このため、自分の所属する企業において
この2分類にかかわるリスクを認識できていないかについて今一度確認する
必要がある。

　また、自社における人権侵害リスクで認識されているものとしては圧倒的

【図表39】　所属組織においてどのような人権リスクが想定されるか

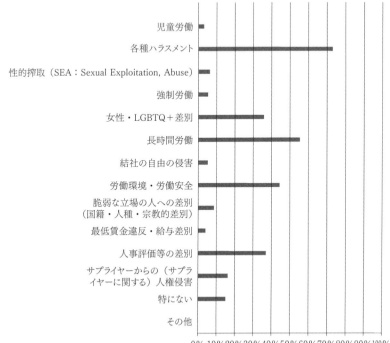

に各種ハラスメントが73％と多い。これは日本で施行されている、いわゆる
ハラスメント５法（女性活躍推進法、労働施策総合推進法、労働安全衛生法、男
女雇用機会均等法、育児・介護休業法）の影響もあるかもしれないが、実際に
ハラスメントが日本社会で非常に多く発生していることの裏返しということ
であろう。次いで「長時間労働（55％）」「労働環境・労働安全（45％）」「人
事評価等の差別（37％）」「女性・LGBTQ＋差別（36％）」と続く。「性的搾取
（７％）」「結社の自由の侵害（５％）」「最低賃金違反・給与差別（４％）」に
ついてリスクは低いと考えているものが多い。「人事評価等の差別」につい
ては差別を受けていると感じている回答者が多いが、給与面では差別を感じ
ていない点については金銭的な待遇よりも人事評価自体について、つまり自

分の価値を認めてくれているかについて重要であると考えている傾向がある
のではないだろうか。これは企業凝集性、組織への帰属感、モチベーション
などの源泉となることから人事評価制度の見直しなどを実施し改善すること
が求められるのではないだろうか。

　人権の種類の理解度と自社のリスク認識について、①人権侵害の種類を理
解しており、社内の人権リスクを認識している、②人権侵害の種類を理解し
ているが社内の人権リスクを認識していない、③人権侵害の種類を理解して
いないが、社内の人権リスクを認識している、④人権侵害の種類を理解して
いないし、社内の人権リスクの認識もしていないの4象限に分けて表示する
と【図表40】のとおりとなる。

　ここで注意すべきは、②人権侵害の種類を理解しているが社内の人権リス
クを認識していない、および、④人権侵害の種類を理解していないし、社内
の人権リスクの認識もしていないパターンである。まず、②人権侵害の種類
を理解しているが社内の人権リスクを認識していないケースだが、ここに含
まれているものとしては⑧児童労働、⑤強制労働、⑥脆弱な立場の人への差
別（国籍・人種・宗教的差別）の3分類が該当する。強制労働の定義において

【図表40】　人権侵害の種類と社内の人権リスク

		社内の人権リスク	
		認識している（30％以上）	認識していない（30％未満）
人権侵害の種類	理解している（70％以上）	①　ハラスメント 長時間労働 労働環境・労働安全 女性・LGBTQ＋差別	②　ⓐ児童労働 ⓑ強制労働 ⓒ脆弱な立場の人への差別 （国籍・人種・宗教的差別）
	理解していない（70％未満）	③ 人事評価等の差別	④　ⓓ性的搾取 ⓔ結社の自由の侵害 ⓕ最低賃金違反・給与差別 ⓖサプライヤーからの（サプライヤーに関する）人権侵害

移動の自由の制限等が含まれている点について本当に理解しているのか、これに伴いリスクの認識をするべき事案がないのかを再度確認する必要がある。また、脆弱な立場の人への差別については、日本国内における外国人や移民が言語、宗教等の理由で日本人と区別・差別したり、扱いを異にしていたりするケースが非常に多いと理解している。日本国内でも外国人労働者の扱いについて外国人技能実習制度に問題があるなど、社会的に問題と認識されており、リスクの認識についてあらためて確認する必要がある。

　一方、④人権侵害の種類を理解していないし、社内の人権リスクの認識もしていないケースについては、ⓓ性的搾取、ⓔ結社の自由の侵害、ⓕ最低賃金違反・給与差別、ⓖサプライヤーからの（サプライヤーに関する）人権侵害がこれに該当し、これらの人権リスクについても本当にリスクがないかをあらためて確認する必要がある。

(2) 人権侵害の種類と取引先の人権リスク

【図表41】では、各項目斜線パターンのグラフが自社の取引先における人権リスクの認識を表しており、それぞれの回答割合は、「児童労働（25%）」「各種ハラスメント（56%）」「性的搾取（12%）」「強制労働（27%）」「女性・LGBTQ＋差別（34%）」「長時間労働（58%）」「結社の自由の侵害（17%）」「労働環境・労働安全（57%）」「脆弱な立場の人への差別（国籍・人種・宗教的差別）（26%）」「最低賃金違反・給与差別（23%）」「人事評価等の差別（18%）」「サプライヤーからの（サプライヤーに関する）人権侵害（26%）」「特にない（18%）」である。

　各項目ドットパターンのグラフは、自社における人権リスクの認識を表しており、自社の取引先における人権リスクと比較分析を行ったところ、以下のような傾向があることがわかった。

　自社における人権リスクより取引先の人権リスクが高い項目としては、①児童労働、②性的搾取、③強制労働、④労働環境・労働安全、⑤脆弱な立場の人への差別（国籍・人種・宗教的差別）、⑥最低賃金違反・給与差別であった。これは日本においてこのような人権侵害が主要取引先よりもリスクが低

【図表41】　所属組織の取引先における人権リスクは何があるか

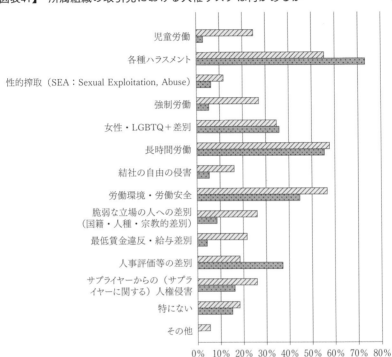

いと認識していることを示している。たとえば、「脆弱な立場の人への差別
（国籍・人種・宗教的差別）」は、現に日本においても外国人技能実習生[2]の取
扱い、出入国在留管理庁での外国人の死亡事例など明らかに国籍や人種に対
する差別的扱いのケースが多く発生している。これは日本という国が歴史上
長期間にわたり鎖国という制度の下、単一民族、単一言語という背景のある
特異な国であることからきているのかもしれない。しかし、国際社会におい
てこれは明らかな人権侵害であり、日本社会においてはこの点については正

2　2023年11月に現行の「技能実習制度」には外国人にとって職場環境が厳しい等の理由により失
　踪する事案が相次いでおり、制度自体による人権侵害の指摘がある等の理由により「技能実習生
　制度」を廃止し、制度の目的を国際貢献から外国人材の確保と育成に変え、基本的に3年で一定
　の専門性や技能をもつ水準にまで育成する制度として名称も「育成就労制度」にするとして政府
　の有識者会議は最終報告書を提出している。

【図表42】　日本社会における人権侵害の事例で最も多いと考えられるものは何か

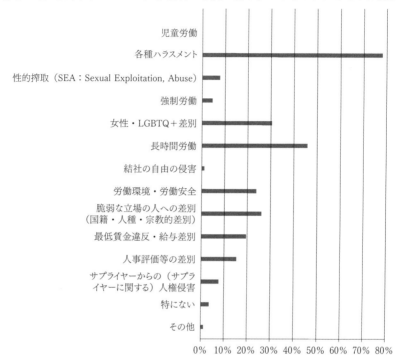

しく学び、理解していくことが求められるだろう。

　⑶　人権侵害の種類と日本社会の人権リスク

　日本社会において人権侵害の事例として最も多く回答を集めたのは、ここでもやはり「各種ハラスメント」が圧倒的であった（【図表42】参照）。また「長時間労働」は、半数近くの企業が日本社会における一般的な問題であると認識している。

　集計の結果、「児童労働（０％）」「各種ハラスメント（78％）」「性的搾取（８％）」「強制労働（４％）」「女性・LGBTQ＋差別（30％）」「長時間労働（46％）」「結社の自由の侵害（１％）」「労働環境・労働安全（24％）」「脆弱な立場の人への差別（国籍・人種・宗教的差別）（26％）」「最低賃金違反・給与

【図表43】 種類別の人権侵犯事件の受理および処理件数（2022年）

		関係者分類	分類	件数	割合（%）
新受　総件数	私人等に関するもの		暴行・虐待	1,003	12.8
			差別待遇	799	10.2
			プライバシー関係	1,462	18.6
			労働権関係	1,138	14.5
			住居・生活の安全関係	606	7.7
			強制・強要	803	10.2
			その他	287	3.7
	公務員等の職務執行に関するもの		教育職員関係	455	5.8
			学校におけるいじめ	1,047	13.2
			その他	259	3.3
			合計	7,859	100

差別（20%）」「人事評価等の差別（15%）」「サプライヤーからの（サプライヤーに関する）人権侵害（7%）」「特にない（3%）」となった。

　ここで法務局が集計している人権相談件数をカテゴリー別にみてみたい（【図表43】参照）[3]。

　ここでも「労働権関係」（長時間労働、労働環境・労働安全・最低賃金等）と「強制・強要」（各種ハラスメント）の件数が多いことがわかる。また私人等によるもののうち5番目に多い「差別待遇」であるが、人権サーベイにおいては、脆弱な立場の人への差別について「女性・LGBTQ＋差別」より回答数が少ない結果となっているが、法務局に対する人権相談件数においては、差別的待遇のうち、部落差別にまつわるものが433件であったのに対し、「障害者（107件）」「外国人（47件）」「疾病患者（49件）」「女性（24件）」等となっており、いわゆる脆弱な立場への差別の相談件数は、女性・LGBTQ＋差別

3　e-Stat 種類別人権侵犯事件の受理および処理件数（2022年）参照。

の相談より圧倒的に多いことがわかる。このため、脆弱な立場の人への差別は理解がされておらず、リスクの認識も甘いことがわかる。

6　海外の法規制

海外における「ビジネスと人権」に関する法規制について、知っているものについて回答を得た（【図表44】参照）。英国現代奴隷法、米国ウイグル強制労働防止法、ドイツ　デュー・ディリジェンス法３法の認知度が30％超と、他と比較し特に高いという結果となった。このことから、日本企業においてこの３カ国が日系企業のグローバルサプライチェーンにおいて影響力が非常に強いということがわかる。ドイツ　デュー・ディリジェンス法は2023年に施行されたため、直近でドイツ企業が自社のサプライチェーンに含まれている場合または顧客となっている場合、取引先からの人権デュー・ディリジェンスへの協力要請（取引先の人権ポリシーへの依拠、人権対応状況のアンケート調査、人権の実態についてのインタビュー等）を受けているケースが増加傾向にある。

【図表44】　自身が知っている法規制（複数回答可）

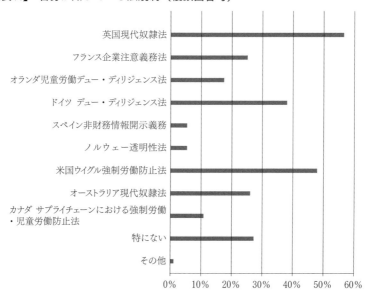

カナダの「サプライチェーンにおける強制労働、児童労働との闘いに関する法律」（以下、「カナダ サプライチェーンにおける強制労働、児童労働防止法」という）については、人権サーベイの結果をみるといまだ認知度が低い状況であるが、カナダ下院は、2023年5月、本法の制定に伴い、関税率を改正する法案（S-211）を可決し、2024年1月1日に発効した。本法によって、特定の政府機関や民間企業に対し、自社または自社のサプライチェーンで強制労働または児童労働が使用されるリスクを防止・低減するためにとられた措置を「報告する義務」が課されることとなる。

このように次々と各国における人権およびサプライチェーンにかかわる法律が成立、施行されており、常に各国の動向について確認しつつ、自社および自社のサプライチェーンへの影響を認識・評価し対応する必要があることを視野に入れ、リスクの認識をあらためる必要がある。

7　人権対応の社内体制

(1)　人権対応の所管部門・担当者

人権対応の所管部門の有無、どの部門が人権に関する業務の役割を担っているかについては「人事・総務部門（48%）」「法務・コンプライアンス部門（32%）」「ESG・サステナビリティ部門（30%）」となっている（【図表45】参照）。所管部門については、第4章Ⅲ5(1)でもう少し詳しくみていきたい。

人権対応の所管部門の担当人数は「1名〜4名」のケースが最も多く、次に「5名〜10名」となっている（【図表46】参照）。「20名以上」と回答した企業の従業員数規模は、「従業員数10,000名以上」と「従業員数5,000名〜10,000名」のみである。所管部門が「ESG・サステナビリティ部門」と回答している企業では、組織の規模としては「5名〜10名」が最も多い。所管部門が「人事・総務部門」および「法務・コンプライアンス部門」と答えている企業では、「1名〜4名」との回答が最も多かった。

既存の部門で人権関連業務を所管する場合では、「ESG・サステナビリティ部門」で人権関連業務を専任するケースより、小規模での組織となっている傾向があり、リソースの割当てが十分に行われていない可能性もある。

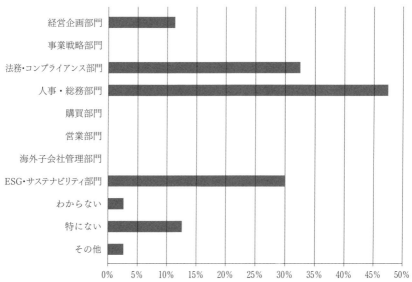

【図表45】　所属組織における人権対応の所管部門・担当者の有無

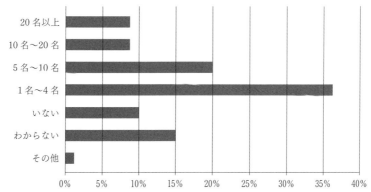

【図表46】　所管部門の担当者の人数

　人権関連業務の所管部門に対して、新規人材採用の「採用計画が現時点ではない」または明確な方針がないのか「わからない」という回答が多かった（【図表47】参照）。

　「サプライチェーンも含め（人権リスクに）取り組んでいる」企業の95％が

【図表47】　所管部門（担当者）がある場合、新規人材採用をしているか

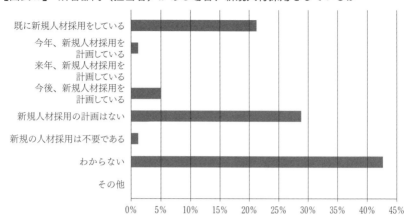

　プライム市場上場企業であった。また、何らかの形で人権研修を実施している企業のうち72％が人権リスクへの取組みを実施している傾向がある。

　(2)　人権への取組みの姿勢

　自社の人権リスクに対する取組みの姿勢については、合わせて66％が何らかの取組みを実施しているとの回答であった。人権リスクは経営にとって重要な経営課題として認識されてきており、社内でも取り組み始めていることがわかる（【図表48】参照）。

　自社の人権への取組みの姿勢に関して20％の回答者が「取組みが十分でない」と回答している（【図表48】参照）が、その主だった理由について、「専門知識をもっている人材がいない」「人員が不足している」といった理由をあげている（【図表49】参照）。指導原則（2011年）でも記載されているとおり、このような専門分野に特化している外部専門家の活用が、人権の取組みについては必須であるということがわかる。また、「人権が優先課題と認識されていない」「売上・収益が優先される」という回答も多く、経営者層などに人権は重要な経営責任の一つであることを再度認識していただくよう、専門家を招聘しての勉強会などを実施することを推奨する。

【図表48】　所属組織で人権リスクに取り組む姿勢は十分か

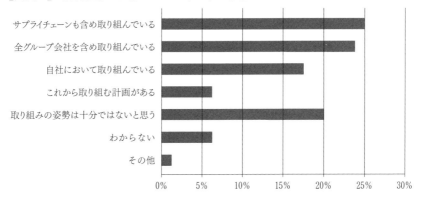

【図表49】　所属組織において人権への取組みが不十分となる原因は何と思うか

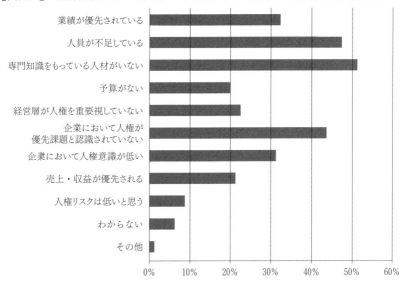

(3)　人権への取組みの内容

　自社で行われている人権への取組みについては、「人権方針・ポリシー策定」が最も多いことがわかるが、「自社グループに対する、人権デュー・ディリジェンス・リスク評価」「人権研修の実施」についても取り組んでいる

【図表50】　所属組織で取り組んでいる人権関連の内容

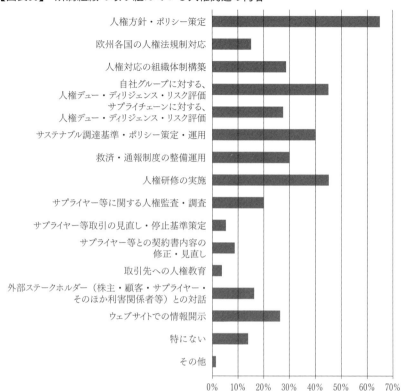

企業が多い（【図表50】参照）。人権方針の策定や研修については、第4章Ⅲ
5(2)(4)でもう少し詳しくみていきたい。

　(4)　人権への取組みの予算

　人権への取組みについては、所管部門が決まっており、専任者がいるもの
の、予算については経営の方針が明確でないのか、「わからない」ケースが
多く、準じて「予算はない」との回答が多かった（【図表51】参照）。人権に
対する重要性を認識しながらも、適切に予算を配分していない実態が判明し
た。日系企業の経営層における人権への取組みについて魂が入っていないと
いわざるを得ない。

【図表51】 所属組織における人権関連の予算

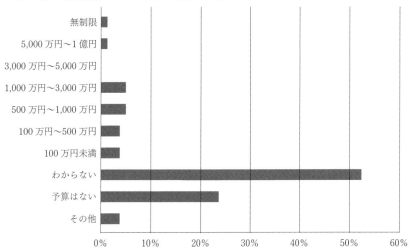

【図表52】 所属組織における人権の専門家の支援の有無

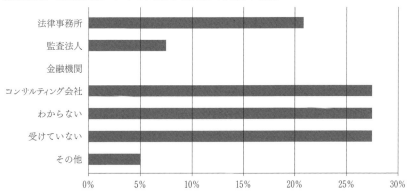

(5) 人権の専門家の支援

　前の質問で「専門知識をもっている人材がいない」などの理由で人権への取組みができていないという回答があったが（【図表49】参照）、専門家の支援を受けている企業では、「専門家が所属するコンサルティング会社に支援を受けている（28％）」ケースが多いということがわかった（【図表52】参照）。

売上げ規模・従業員規模が大きいほど、「コンサルティング会社」「法律事務所」の支援を受けている企業が増え、どこからの支援も「受けていない」と回答する企業が減っている。進出拠点別では、北・中央アフリカ地域に進出拠点をもつ企業が特に専門家の支援を受けている割合が高い一方、東・東南アジア地域、西ヨーロッパ地域、北南米地域に進出拠点をもつ企業では、比較的割合が低いという結果であった。なじみの薄い地域における進出拠点のある企業は、より専門家の支援を求めていることがわかる。

(6)　人権への取組み状況の開示

人権の取組み状況の開示については、「自社ウェブサイトで取組み内容の概要を開示している」が35％と最も多く、「特に開示していない」との回答は25％であった（【図表53】参照）。人権への取組み状況に関する開示は、今後厳格化していくことが予想されることから、開示に対する準備を進めることを推奨する。経済産業省ガイドラインにおいても、人権デュー・ディリジェンスの実施結果などについては開示するよう記載されている。

【図表53】　所属組織における人権の取組み状況の開示の有無

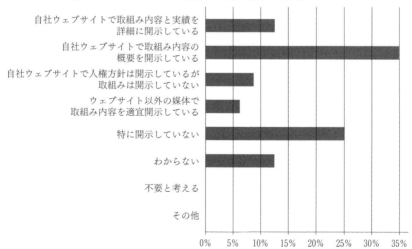

【図表54】　所属組織における人権に関する研修の有無

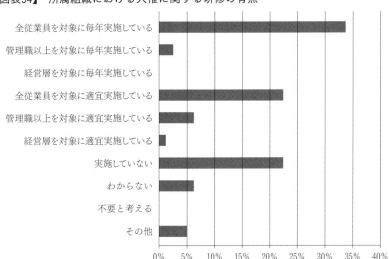

(7)　人権に関する研修

　人権に関する研修については「全従業員を対象に毎年実施している」が最も多く、34％（【図表54】参照）であった。「実施していない企業」も23％あり、人権教育については今後より強化していく必要がある。人権教育については、第4章Ⅲ5(4)でもう少し詳しくみていくこととしたい。

　回答した企業規模別でそれぞれ細かくみていくと、プライム市場上場企業の42％が「毎年人権研修を実施している」と回答し、非上場企業の43％が「人権研修を実施していない」と回答している。また、海外子会社が10社以上ある企業の約48％が「人権研修を毎年実施している」と回答し、海外子会社がない企業の47％が「人権研修を実施していない」と回答している。進出拠点の地域別では、アジア地域（39％～50％）、オセアニア地域（59％）、中東地域（62％）、ヨーロッパ地域（48％）、米国地域（41％～44％）、アフリカ地域（50％～71％）となっており、アフリカ地域、中東地域に拠点をもつ企業において、人権研修を実施していると回答している企業が多い傾向がある。

【図表55】　所属組織における人権に関する救済制度・通報体制の有無

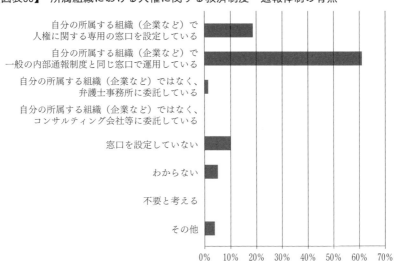

(8)　人権に関する救済制度・通報体制

　救済制度・通報体制については、一般的な内部通報制度と同じ窓口を利用している企業が最も多く、61％であった（【図表55】参照）。人権に関する救済制度は、指導原則（2011年）等では苦情処理メカニズム（グリーバンス・メカニズム）を備えたものの整備・導入の必要性が指摘されているが、企業においては、従来から運用している既存の内部通報制度の利用が多い傾向であり、既存の内部通報制度がグリーバンス・メカニズムを備えているかどうかについては評価分析を行う必要がある。このため、専門家の助言を得てこのまま継続するのか、新規に制度の立ち上げが必要なのかを確認することを推奨したい。救済制度・通報体制については、第4章Ⅲ5(5)およびⅣでもう少し詳しくみていきたい。

(9)　人権侵害が発生した際の取引停止基準

　人権侵害が発生した際の取引停止基準については一部ルールを決めている企業もあるものの、明確な基準がなく、その都度経営判断がなされるケースが最も多い（45％）（【図表56】参照）。また、実態を把握していない回答者も

【図表56】　所属組織における取引停止基準の有無

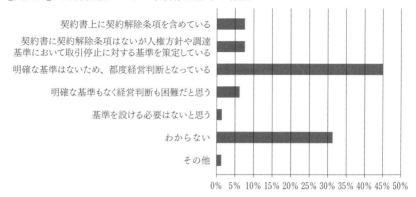

多かった（31％）。

　欧米企業では、取引基本契約書上に人権侵害が認められた取引先については一定の確認の手続の後、基本的には取引停止とする旨の条項が記載されているケースもある。いざ重要な取引先において人権侵害が発覚し、取引を継続するか否かについて判断をせざるを得ない場合において、事前に一定の条件を設定しておくことで、適時に適切な判断の下、取引継続可否について結論を出すことができる。また、株主などの重要なステークホルダーに対する説明責任も果たせることになる。

　こういったクライシス事案が発生した場合に対する準備ができておらず、右往左往してしまう状況に陥った場合、社会・市場・取引先・顧客・株主などさまざまな立場から経営者に対して信頼性、ブランドイメージやレピュテーションを毀損する可能性が出てくるため、事前にとるべき対応を想定しておくことが重要である。

　⑽　広告宣伝における人権リスクへの配慮

　広告宣伝において人権に関するリスクに配慮するかについての質問には、60％が「人権に関するリスクが重要である」と回答しており、23％の回答者が「わからない」としている（【図表57】参照）。広告宣伝においてその広告で使用するメディア、広告内容、広告で使われる表現方法、画像・映像、キ

【図表57】　所属組織で広告宣伝を行う際に考慮する人権リスク

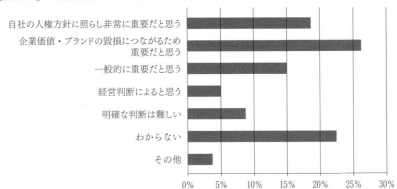

ャラクター、タレント等について人権侵害を助長するものは使うべきではないという国際社会における一般的な認識が世界中に広まってきており、日本においても同様の考え方を十分に考慮し検討する必要がある。

　特に子どもをターゲットにした広告については十分留意する必要がある。「子どもに影響のある広告およびマーケティングに関するガイドライン」[4]においては、以下のような広告表現に関して配慮するように規定している。

　①　広告表現に関する配慮事項

　　ⓐ　広告の強要、執拗な商品・サービスの推奨

　　ⓑ　おねだりの助長

　　ⓒ　効能効果・性能の誇張・強調

　　ⓓ　価格表示の誇張・強調または販売価格に含まれないものについての明示の欠如

　　ⓔ　恐怖感、不安感を与える表現

　　ⓕ　さまざまな差別、仲間はずれ、いじめを連想させる表現

　　ⓖ　固定観念を強要する表現

4　公益社団法人セーブ・ザ・チルドレン・ジャパン「子どもに影響のある広告およびマーケティングに関するガイドライン〔2023年増補版〕」〈https://www.savechildren.or.jp/sp/news/index.php?d =4109〉参照。

ⓗ　過度な性的表現

ⓘ　模倣するおそれのある行為や表現

ⓙ　危険や誤使用を招くおそれのある表現

ⓚ　飲酒、喫煙を容認するまたは暗に勧める表現

ⓛ　子どもの健康的で規則正しい食習慣を損ねるような表現

②　広告手法その他に関する配慮事項

ⓐ　過度な景品提供企画の実施

ⓑ　会員組織への過度な登録勧誘

ⓒ　特殊技法による非現実的な表現

ⓓ　番組や記事などと広告の明確な区別

ⓔ　キャラクター、専門家、有名人などが推奨する場合の留意点

ⓕ　子どもを広告に起用する場合の留意点

ⓖ　子どもが教育を受ける場所および通学路における広告およびマーケ
ティングの留意点

⑾　外部ステークホルダーへの配慮

　重要な外部ステークホルダーとしては「顧客」「株主」「従業員」「サプラ
イヤー」の順番となっている（【図表58】参照）。

　顧客などから人権に関する要求事項で多かったのは「取引先からの人権チ
ェックリスト等のアンケート調査依頼」が45％、「取引先の人権ポリシーへ
の準拠の依頼」が42％であった。「取引先としての人権デュー・ディリジェ
ンスの協力依頼」についても27％と、グローバルサプライチェーンから間接
的な人権に対する要求が増大していることがわかる（【図表59】参照）。この
ように、実際に顧客から人権に関する要求事項があり、コミュニケーション
を通じて影響力を行使されていることがわかる。こういった顧客からのコミ
ュニケーションに対して適切な対応ができない場合、取引停止など、自社に
とって大きな不利益を被るリスクの可能性を十分に理解する必要がある。ま
た、付け焼刃的な対応でとりあえずアンケート調査上で「人権対応について
実施している」などと実態と異なる回答を記載している場合、顧客からのオ

【図表58】 外部ステークホルダーで重要視している対象先

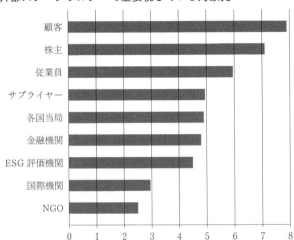

【図表59】 所属組織における外部ステークホルダーからの要求の内容

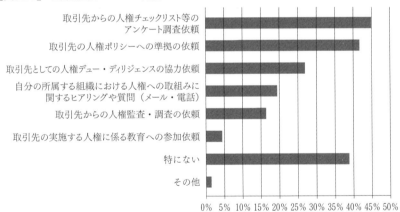

ンサイトなどの人権監査を通じて実態がわかってしまうリスクもあるため、人権対応を行うことが経営責任として求められる。

　人権に関する個別の依頼のあった取引先の国としては、日本を除外すると米国、フランス、英国、ドイツと、やはり人権関連の法規制が厳格化してき

【図表60】　要求のある外部ステークホルダーの国名

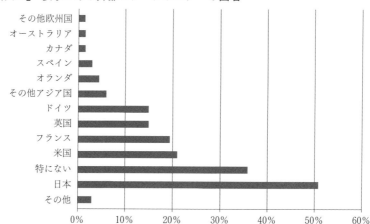

ている国のステークホルダーから要求があることがわかる（【図表60】参照）。要求のあるステークホルダーが「日本」と回答している企業においては、海外企業との取引がほぼない企業、および海外企業との取引が半分に満たない企業の合計は68％となっており、人権デュー・ディリジェンスを実施しているグローバルサプライチェーンをもつ日系企業からの要求が、国内取引中心の日系企業に対し、自社のサプライチェーンの一部を構成する企業として影響力を行使し始めていることが理解できる。

　⑿　重要視するリスクと地域

　自社における人権リスクで最も重要視しているリスクとしては、「企業価値・ブランドの毀損（67％）」「人権侵害による訴訟・損害賠償（60％）」「顧客からの取引停止の可能性（54％）」「レピュテーションの悪化（51％）」などがあげられる（【図表61】参照）。企業価値・ブランド、レピュテーション等の自社の無形の資産に対するダメージを最も懸念している企業が多いことがわかる。また、グローバルサプライチェーンを構成する取引先や顧客からの要求が強くなってきている背景から、顧客からの取引停止の可能性について懸念している企業が多い点に着目するべきだろう。第4章Ⅲ3⑴において人

【図表61】 所属組織における人権リスクのうち重要視するリスク

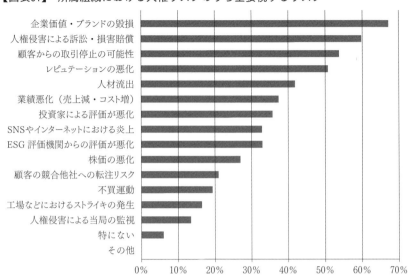

権リスクに関する経営責任に触れており、あわせて確認していただきたい。

「顧客からの取引停止の可能性」と回答した会社のうち、86％は海外との取引がある企業であった。海外取引がない企業においては、この顧客からの取引停止の可能性について、リスクとして懸念している企業は3割程度であった。ここでも、海外顧客からのサプライチェーンにおける人権に関する要求が強まってきていることがわかる。

自社のサプライチェーンで人権リスクが高いと認識している地域は「東南アジア地域（55％）」「東アジア地域（40％）」と考えている企業が非常に多いことがわかる（【図表62】参照）。これは進出先として東南アジア地域、東アジア地域が多い点、比較的現地の環境を把握できている点等から人権リスクが高い地域との認識をしている傾向がある。実態としては南米地域、アフリカ地域、中東地域における人権リスクは実態としては高いものの、企業としては現状において、そこまで認識が行き届いていない状況といえる。

【図表62】 所属組織のサプライチェーンで人権リスクの高いと思う地域

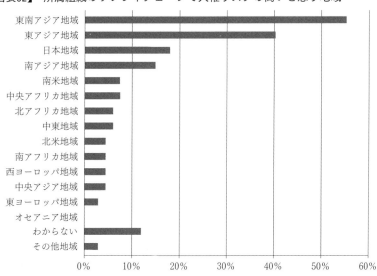

8　人権リスクの発生可能性

　自社における人権侵害の発生可能性については、「事例が実際にある（12%）」「リスクが高い（25%）」と回答しているが、39%の回答者が「リスクは低い」と回答している（【図表63】参照）。ここで「リスクは低い」と回答している企業が最も多い点について、日系企業や日本社会において人権リスクの認識がまだ低いことを示している。

　自社においてサプライチェーンの把握の度合いについては29%が「サプライチェーンの把握は重要だが現時点では把握できていないと思う」と回答している（【図表64】参照）。また、「サプライチェーンの把握ができていないと思う」「広範囲でかつ複雑であるため把握ができない」「サプライチェーンリスクは管理するほどではないと考えている」等と回答している企業の合計は4割を超える。サプライチェーンにおけるリスク把握は重要で実施するべきだが、実態としては範囲が広く、対応しきれていない状況がわかる。このため、外部専門家などの支援を受けることを推奨する。

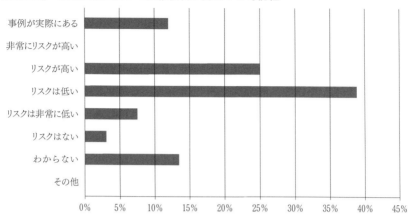

【図表63】 所属組織において人権侵害が発生する可能性

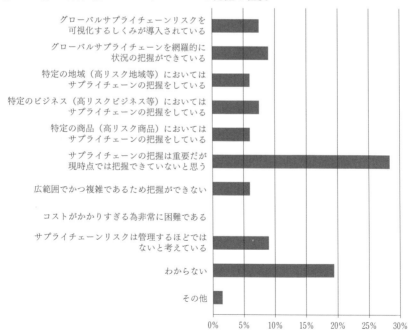

【図表64】 所属組織のサプライチェーンの把握の程度

　サプライチェーンにおけるリスク把握管理の範囲については、「グループ会社・子会社までを対象としている（21%）」「重要な一次サプライヤーまでに限定して対象としている（19%）」「一次サプライヤー全体までを対象としている（15%）」となっている（【図表65】参照）。

　サプライチェーンリスク把握についてはまずは、一次サプライヤーまで把握することを推奨する。二次サプライヤーまで把握・管理の対象としていると回答している企業は非常に少なく、契約書等直接的な関係性や統制関係が存在しないため、把握することが困難であることがわかる。

　取引先における人権リスクでは「事例が実際にある（9%）」「非常にリスクが高い（3%）」「リスクが高い（22%）」「リスクは低い（33%）」となっている（【図表66】参照）。

　サプライチェーンのリスクを「把握できていない」「把握ができない」「管理するほどできない」の合計が4割を超える実態を考慮すると、サプライヤー等におけるリスクを正しく可視化ができていないのではないかと考えられる。

　人権への取組みを実施して得られた成果・効果について、「自社グループ

【図表65】　所属組織のサプライチェーンにおけるリスク把握・管理の範囲

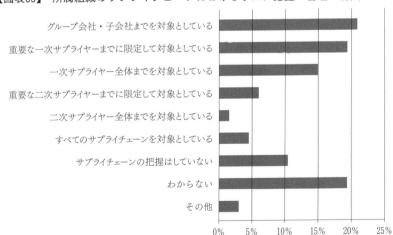

【図表66】　所属組織の取引先において人権侵害が発生する可能性

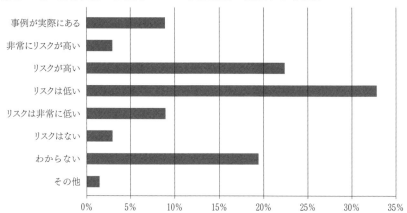

内の人権リスク低減（33％）」と高く、「何らかの成果・効果を感じている」
企業の合計は67％に上る（【図表67】参照）。これに対して、「成果・効果はな
いと感じている」企業は33％となっている。「成果・効果はない」と回答し
ているプライム市場上場企業は23％、非上場企業では53％となった。プライ
ム市場上場企業においては、明らかにその成果・効果があると認識したうえ
で、人権に対する取組みを行っていることがわかる。

　第4章Ⅲ5の負の影響に対する是正の実行について、そのほかの取組みと
の関連づけて説明をしているため、あわせて参考としていただきたい。

Ⅲ　サプライチェーンにおけるリスク評価の考え方

　ここからはサプライチェーンに関する基礎的な情報を整理しておきたい。
人権侵害リスクを検討するにあたって、指導原則（2011年）、欧州各国の「人
権デューデリジェンス個別法」、経済産業省ガイドライン等を参照すると自
社および自社グループのみを対象と限定せずに自社グループおよびサプライ
チェーンを対象とすることが想定されている。自社の事業活動により直接的
な人権侵害のみならず、自社製品や自社の提供するサービス等と直接関連性
があるグローバルサプライチェーン上で発生している人権侵害のリスクに対

【図表67】　所属組織で人権への取組みを実施して得られた成果・効果

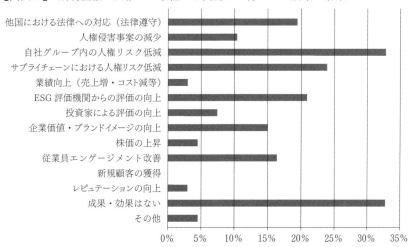

しても企業責任として対応することを要求されているということである。

　サプライチェーンとは、商品の開発から、商品や原材料、部品などの仕入れ、調達、生産（メーカーの場合等）、在庫管理、配送、販売、消費までを含めた商流全体のことを指す。サプライチェーンを構成する企業間の関係については「垂直的統合」と「水平的統合」の二つの方向で表される（【図表68】参照）。垂直的統合とは、サプライチェーンの上流から下流の関係のことであり、サプライヤーとメーカー等の関係が典型例となる。水平的統合とは、同業他社との関係で製品の共同開発や、生産委託等の関係を指す。これらの垂直的統合、水平的統合はグローバルサプライチェーンの環境においては複雑に絡まり合っており、全体像の把握をするためには相応の対応が必要となる。

　サプライチェーンに対する代表的なリスクとしては、自然災害リスク（日本における3.11、タイにおける洪水）、パンデミックリスク（COVID-19）、テロや政治的な不安（中国・台湾）、戦争（ロシア・ウクライナ、イスラエル・パレスチナ）などの地政学的リスク、経済危機や原油価格高騰、サイバー攻撃

【図表68】　国内・国外におけるサプライチェーンの構成

等が従来の検討課題としてあげられるが、これらは過去にリスクが実際に顕在化したからこそ企業はリスクとして認知してきた傾向がある。

　特にパンデミックによるグローバルサプライチェーンへの致命的なインパクトは記憶に新しいことと思うが、従前よりこのパンデミックリスクに対して適切に準備を行い、リスクの可視化を行ってきた企業はどの程度あっただろうか。これらのリスクが顕在化するかどうかについて、発生可能性等の尺度でリスクマネジメントを行うことははたして可能かどうか、甚だ疑問である。

　サプライチェーンに対して与えるインパクトでいうと、昨今の法規制の厳格化の背景から、コンプライアンスにより、サプライチェーンに大きな影響を及ぼすという観点も非常に重要である。米国 OFAC（米国財務省・外国資産管理局）規制や各国による経済制裁、特定の国の個別法ではあるものの、域外適用されるコンプライアンスとしては米国 FCPA（海外腐敗行為防止）法、英国の反贈収賄法、EU 一般データ保護規則（GDPR）、そのほかにも ESG（環境・社会・ガバナンス）に関連した法規制等について昨今厳格化される傾向にある。こうしたコンプライアンスに対し、サプライチェーン内で違反する可能性の高い企業に依存したサプライチェーンを構築していると、ビジネ

スに対する負の影響が発生するリスクが増大することになる。

　こうしたサプライチェーンにおけるリスクは、その発生可能性について予測することが著しく困難である場合が多い。しかし、これらのリスクが顕在化した際の自社事業への負の影響は計り知れない。このような不確実な将来予測を基に事業戦略を検討する際に欠かせない考え方としては、リスク全体から自社としてどのリスクを重要視するべきかというリスク評価に基づいた経営判断を行うことである。

Ⅳ　サプライチェーンにおけるステークホルダーの検討

　また、自社グループおよびサプライチェーンにおいて、人権侵害リスクにかかわるステークホルダーはどこまで含めるべきかという点も重要である。

　株主、従業員、顧客、仕入先、サードパーティ等は事業の根幹として関与することのある重要なステークホルダーである点は事業経営に関与している者であれば容易に想像できる。また、本書で取り扱っている人権デュー・ディリジェンスに関しても主としてこれらの事業に直接かかわるステークホルダーとの関係性を主題として扱っている。

　ではここで視点を少し別に移し、「地域社会・消費者」「国・行政」との関係での人権についてみてみたい。グローバルなビジネス環境で事業経営を行っている企業は特に進出先国やその地域に対して、多大な影響を相互に与え合うことで事業を営んでいることを忘れてはいけない。

【図表69】　企業を取り巻くステークホルダー

　たとえば、鉱山などの環境負荷の非常に大きい事業を営む企業において鉱山および資源を抽出するためのプラント等による地域住民に対する環境破壊や汚染のリスクが非常に大きい。過去においてもミャンマー等の資源開発を推奨している国において周辺住民の住居が奪われ、鉱山開発による地滑りや洪水で毎年住民が死亡しているおそれがあると報道された。このような地域住民に対する、生活に対する安全衛生、土地、住居の権利等を考慮した事業経営が求められる。

　消費者に対しても同様に人権について十分に考慮した事業運営が求められる。たとえば、広告表現における差別的表現についてであるが、2023年、人権侵害が報道された芸能事務所等に所属するタレントを広告に使用しないなどの経営判断を行っている企業も具体的な事案として記憶に新しい。また、消費者のプライバシー侵害を行わない点も重要である。そのほかにも人権侵害を引き起こすような戦争、紛争によって武装勢力や反政府組織の資金源となっている天然鉱物（紛争鉱物）を事業で扱わない等、地域住民や消費者、これに関連して国や行政に対する人権侵害を自ら行わない、関係者に助長するような行為を行わない、侵害を予防、防止、削減できるような方針、体制構築や手続き、関係者とのコミュニケーションを行っていくことが求められる。

　人権侵害を受ける可能性のある者は自社の事業、サプライチェーンに深くかかわる者として、すべてステークホルダーであると認識するべきである（【図表69】参照）。

第4章

人権デュー・ディリジェンスの
実務

Practice of
Human Rights
Due Diligence

I　総　論

　本章では、「ビジネスと人権」への取組みが推進されてきた背景とその意義（第1章）、人権リスクに対応するに際して必要不可欠となるサプライチェーン可視化の考え方（第2章）を踏まえて、さらに、日本企業の現状（第3章）に即した「人権デュー・ディリジェンス」の具体的な流れと実務上の留意点について解説する。

　そこで、まずは、国際連合（以下、「国連」という）による「ビジネスと人権に関する指導原則：国際連合『保護、尊重及び救済』枠組実施のために」（以下、「指導原則（2011年）」という）に基づき、経済産業省が公表した「責任あるサプライチェーン等における人権尊重のためのガイドライン」（以下、「経済産業省ガイドライン」という）および「責任あるサプライチェーン等における人権尊重のための実務参照資料」（以下、「経済産業省実務参照資料」という）の概要を踏まえて人権尊重の取組みの概要について説明したうえで（本章I）、人権方針の策定の進め方を検討し（本章II）、その後に、人権デュー・ディリジェンスの進め方について（本章III）、苦情処理メカニズム（グリーバンス・メカニズム）の構築にあたっての考え方を論じ（本章IV）、最後に、M&Aにおける人権デュー・ディリジェンスの実務について論じることとしたい（本章V）。

1　人権尊重の取組みの重要性

　人権侵害については、従前、実際に被害が発生してから事後的にこれを救済するなどの対応を検討・実施するということが行われていた。しかし、人権に関する負の影響に伴うリスクは重大かつ多岐にわたり、また何より人権はいったん侵害されると回復が困難であることも多い（第1章I2参照）。加えて、指導原則（2011年）が企業に対して人権を尊重するための要件を求めるなど、人権リスクに対処する体制を事前に構築し運用する取組みが求められるようになっており（第1章I5参照）、企業はこれに対応することが急務となっている。

　日本では、指導原則（2011年）で求めている要件や項目に沿って人権に関する取組みを構築・運用していくことが一般的であり、その指針として経済産業省ガイドラインが公表されている。経済産業省ガイドラインでは、人権に関する取組みをすることについて、以下のような必要性や利点が説明されている[1]。

　①　企業が直面する経営リスク（人権侵害を理由とした製品等の不買運動、投資先としての評価下落や候補先からの除外、投資引揚げ等のリスク）が抑制されうる。人権尊重の取組を実施し適切に開示することにより、企業のブランドイメージ、投資先としての評価、取引先との関係性等が向上し、新規取引先や優秀な人材の獲得・定着等につながり、国内外での競争力や企業価値の向上が期待できるといった、企業経営の視点からのプラスの影響を享受することが可能となる。

　②　欧州を中心とした、人権尊重に向けた取組みを企業に義務づける国内法の導入、米国等における強制労働を理由とする輸入差止めを含む人権侵害に関連する法規制の強化等の動きを受け、直接にこれら法令の適用を受ける企業のみならず、適用を受けない企業も適用を受ける企業からの要請を通じ人権尊重の取組みのさらなる強化が求められつつある。人権尊重の取組みを進めることは、これら法令への対応のさらなる強化や、グローバル・ビジネスにおける予見可能性の向上にもつながる。

　また、人権に関する取組みの枠組みについては、経済産業省ガイドラインを受けて公表された経済産業省実務参照資料において、取組みの一部についての検討すべきポイントや実施フローの例が示されているので、企業は、これらを参考にして、自社の状況を踏まえながら自社に適した取組みを検討することがよいであろう。

2　人権尊重の取組みの概要

　指導原則（2011年）においては、人権を尊重する企業の責任として、①人

1　経済産業省ガイドライン1.2。

権尊重責任に関するコミットメントの表明、②人権デュー・ディリジェンス
の実行、③苦情処理メカニズム（グリーバンス・メカニズム）の確立という三
つの要件を求めている。各要件の項目および対応する指導原則（2011年）は
以下のとおりである（【図表70】参照）。

【図表70】　指導原則（2011年）における三つの要件

要　　　件	指導原則（2011年）
①　人権尊重責任に関するコミットメント（約束）の表明	原則16
②　人権デュー・ディリジェンスの実行	原則17
ⓐ　負の影響の特定・評価	原則18
ⓑ　負の影響の防止・軽減	原則19
ⓒ　取組の実効性の評価	原則20
ⓓ　説明・情報開示	原則21
③　負の影響への対応（グリーバンス・メカニズムの確立）	原則22

　経済産業省ガイドラインにおいても、企業の規模・業種等にかかわらず、
日本で事業活動を行うすべての企業（個人事業主を含む）は、国際スタンダー
ドに基づくこのガイドラインに則り、国内外における自社・グループ会社、
サプライヤー等（サプライチェーン上の企業およびその他のビジネス上の関係先
をいい、直接の取引先に限られない）の人権尊重の取組みに最大限努めるべき
であるとし[2]、指導原則（2011年）の要件に沿って、人権尊重の取組みの概
要が示されている[3]。

(1)　人権尊重責任に対するコミットメント

　指導原則（2011年）は、人権を尊重する責任を定着させるための基盤とし
て、企業が、この責任を果たすためのコミットメント（約束）を企業方針の
ステートメント（声明）をとおして表明するべきであると定める[4]。企業が、

2　前掲〈注1〉1.3。
3　前掲〈注1〉2.1。
4　指導原則（2011年）16。

人権を尊重する責任を果たすというコミットメントを企業の内外のステークホルダー（本章Ⅰ 2 ⑵⒟参照）に向けて明確に示すことが求められ[5]、かつ、その手段として企業方針のステートメントを行うこととされている。

　このコミットメントは、一般には、人権方針（ないしはその他の名称の方針）という文書として策定する方法が採用されている。このコミットメントを既存の企業行動指針やコンプライアンス行動規範等において読み込むことや、これらを改訂することにより策定することも考えられるが、その場合には、人権尊重責任に関するコミットメントとしての企業方針に該当する部分が明確に理解できるように規定ないしは説明する必要があろう。

　⑵　人権デュー・ディリジェンスの実行

　指導原則（2011年）は、企業は、人権への負の影響を特定し、予防し、軽減し、対処方法を説明するために、人権デュー・ディリジェンスを実施するべきであると定める[6]。「人権デュー・ディリジェンス」とは、企業が、自社・グループ会社およびサプライヤー等における人権への負の影響を特定し、防止・軽減し、取組みの実効性を評価し、どのように対処したかについて説明・情報開示していくために実施する一連の行為を指す[7]。

　企業の活動により人権へ負の影響を与えるリスク（人権リスク）について、重要なのは、これは企業自身が受けるリスク（経営リスク）ではなく、企業の活動等により個人が受ける人権に関するリスクだということである。負の影響の深刻度を検討する際には、個人が受ける人権侵害がどの程度深刻なのかをみるのであり、人権侵害があった場合にそれによって企業に生じる影響や損失がどの程度深刻なのかをみるのではない。

　⒜　人権の範囲

　人権尊重の取組みにおける対象となる人権は、経済産業省ガイドラインにおいては「国際的に認められた人権」であり、少なくとも、国際人権章典で

5　前掲〈注 1 〉2.1.1。
6　前掲〈注 4 〉17。
7　前掲〈注 1 〉2.1.2。

表明されたものおよび労働における基本的原則及び権利に関する ILO 宣言
にあげられた基本的権利に関する原則が含まれ、そのほか、OECD 多国籍
企業行動指針（以下、「OECD 指針」という）、国連グローバル・コンパクト
（以下、「UNGC」という）などもあげられる（第 1 章 II および IV 1 (2)参照）[8]。

　　(B)　負の影響とは

　負の影響については、経済産業省ガイドラインにおいては、以下のような
類型をあげて、人権デュー・ディリジェンスの対象とする必要があるとす
る[9]。

① 　企業がその活動を通じて負の影響を引き起こす（cause）場合
　　「引き起こす」とは、企業の活動がそれだけで負の影響をもたらすの
　　に十分である場合を指す[10]。

② 　企業がその活動を通じて（直接にまたは外部機関（政府、企業その他）
　　を通じて）負の影響を助長する（contribute）場合
　　「助長する」とは、①企業の活動が他の企業の活動と合わさって負の
　　影響を引き起こす場合、および、②企業の活動が、ⓐ他の企業に負の影
　　響を引き起こさせ、または、ⓑ他の企業が負の影響を引き起こすことを
　　促進しもしくは動機づける場合をいう[11]。

③ 　企業が負の影響を引き起こさず助長もしていないものの、取引関係に
　　よって事業・製品・サービスが人権への負の影響に直接関連する（di-
　　rectly linked）場合
　　「直接関連する」の関連性は、他の企業を介する負の影響と企業の事
　　業・製品・サービスとの関係により定義される。「直接関連する」かど
　　うかは、「直接調達」といった直接の契約関係として定義されるもので
　　はない[12]。

8　前掲〈注 1〉2.1.2.1。
9　前掲〈注 1〉2.1.2.2。
10　前掲〈注 1〉脚注31。
11　前掲〈注 1〉脚注32。
12　前掲〈注 1〉脚注33。

　　(C)　人権デュー・ディリジェンスの実施の程度

　人権リスクは、それぞれの企業の活動内容、地域、規模などさまざまな要素により異なり、人権デュー・ディリジェンスの対象とする人権への負の影響の特定、防止・軽減の方法も企業ごとに検討し、かつ、継続的に実施するものである。ここまで行えば十分であるというゴールがあらかじめ設定されるものではなく、常に調査検討を継続していく活動であるといえる。

　指導原則（2011年）においても、人権デュー・ディリジェンスの複雑さは企業の規模、人権に対する重大な影響へのリスク、企業活動の性質や状態に応じて異なることが示されている[13]。

　　(D)　ステークホルダーとの対話の必要性

　人権デュー・ディリジェンスは、企業自身のみならず、グループ会社、サプライヤー等における人権への負の影響を対象とする。事業活動のうち、いかなる要素が人権への負の影響を与えているか、負の影響の重大性の程度について負の影響を受けうる者の認識が企業と同じであるか、関係者間で認識に相違があるかなどを認識するために、潜在的な負の影響を受ける可能性のあるさまざまな関係者の情報や意見を理解する必要がある。経済産業省ガイドラインは、人権デュー・ディリジェンスは、その性質上、人権侵害が存在しないという結果を担保するものではなく、ステークホルダーとの対話を重ねながら、人権への負の影響を防止・軽減するための継続的なプロセスであるとしている[14]。

　「ステークホルダー」とは、企業の活動により影響を受けるまたはその可能性のある利害関係者（個人または集団）をいう。たとえば、取引先、自社・グループ会社および取引先の従業員、労働組合・労働者代表、消費者のほか、市民団体等の NGO、業界団体、人権擁護者、周辺住民、先住民族、投資

13　前掲〈注4〉17。
14　前掲〈注1〉2.1.2。国際スタンダードで求められる「ステークホルダー・エンゲージメント」は、企業とステークホルダーとの間の意思の疎通および対話の持続的なプロセスを指すものであるが、経済産業省ガイドラインでは、「ステークホルダーとの対話」と表記している（前掲〈注1〉脚注22）。

家・株主、国や地方自治体等があげられるが[15]、各企業の活動により影響を受ける者はさまざまであり、企業ごとにステークホルダーを特定する必要がある[16]。そのうえで、事業活動により人権への負の影響を受ける可能性が高い者と意思疎通および対話等を通じたエンゲージメントを行うことが考えられる[17]。その際、その者との間に言語、文化、性別等の相違があったり、力の不均衡が存在したりする場合には、それらへの配慮が求められる[18]。

　(E)　人権デュー・ディリジェンスの継続性

　人権デュー・ディリジェンスは、一回実施して終わりというものではなく、継続的・長期的に行う取組みである。企業の活動状況や環境が変化するに伴い、考慮すべき人権リスクの内容や程度も変化するのであり、随時、人権リスクに関する状況を確認する必要がある。

　指導原則（2011年）においても、人権に関するリスクは企業活動の状態やその変遷により時間とともに変化する可能性があることを踏まえ、継続的に行うことが示されている[19]。

　(3)　苦情処理メカニズム（グリーバンス・メカニズム）の確立

　指導原則（2011年）は、企業が人権への負の影響の惹起または助長を確認した場合、企業は正当な手続を通じた救済を提供しまたはそれに協力すべきであると定める[20]。

　「救済」とは、人権への負の影響を軽減・回復することおよびそのためのプロセスを指す[21]。人権への負の影響を引き起こしていたり助長したりして

15　前掲〈注 1 〉2.1.2.3。

16　西村あさひ法律事務所「ビジネスと人権」プラクティスグループ編著『「ビジネスと人権」の実務』（2023年、商事法務）167頁では、「ステークホルダーを特定することができない場合、その特定ができないこと自体が、人権リスクが高いことの 1 つの証左であるといえる」と指摘されている。

17　国際連合人権高等弁務官事務所（OHCHR）「人権尊重についての企業の責任──解釈の手引き」〈https://www.icclc.or.jp/human_rights/〉。

18　前掲〈注20〉 5 。

19　前掲〈注 4 〉17。

20　前掲〈注 4 〉22。

21　前掲〈注 1 〉2.1.3。

いる場合、その負の影響を軽減・回復し、または軽減・回復に協力すること
を要し、その手続や方法を定め実践することが求められる。

　経済産業省ガイドラインは、自社が人権への負の影響を引き起こしまたは
助長している場合のみならず、企業の事業・製品・サービスが人権への負の
影響と直接関連するのみであっても、負の影響を引き起こしまたは助長して
いる他企業に対して、影響力を行使するように努めることが求められるとし
ている[22]。

3　人権に関する取組みの状況

(1)　経済産業省・外務省アンケート調査

　2021年9月〜10月、経済産業省・外務省は、当時の東京証券取引所市場第
一部および第二部上場企業（以下、「東証上場企業」という）2786社を対象に、
人権方針の策定の有無、人権方針の要件、人権デュー・ディリジェンスの実
施状況、人権侵害に関する通報窓口の設置状況、人権に関する研修の実施状
況、人権に関する情報開示の状況等について、「日本企業のサプライチェー
ンにおける人権に関する取組状況のアンケート調査」と題するアンケート調
査（以下、「経済産業省・外務省アンケート調査」という）を実施し、760社
（27.3％）から回答を得た（2021年11月公表）[23]。これによれば、69％（523社）
が人権尊重に関して、人権方針を策定し、または、企業方針、経営理念、経
営戦略などに明文化しており、52％（392社）が人権デュー・ディリジェン
スを実施していた。ただし、回答企業からは、取組方法や体制に関する課題
がある旨が示され、政府に対してガイドラインの整備や企業への情報提供・
支援などが求められている。

(2)　ジェトロ会員アンケート調査

　2022年11月〜12月、ジェトロ（日本貿易振興機構）は会員企業に対し、
「2022年度日本企業の海外事業展開に関するアンケート調査」と題するアン

22　前掲〈注1〉2.1.3.。
23　経済産業省・外務省「日本企業のサプライチェーンにおける人権に関する取組状況のアンケー
　ト調査」集計結果（2021年11月）〈https://www.meti.go.jp/press/2021/11/20211130001/2021
　1130001-1.pdf〉。

ケート調査（以下、「ジェトロ会員アンケート調査」という）を実施した（2023年2月公表）[24]。これは経済産業省・外務省アンケート調査が対象とした東証上場企業とは企業群が異なる。

　人権方針を策定している企業の回答割合は32.9％だったが、まだ策定していない企業のうち、1年以内に策定予定である企業が3.1％、数年以内の策定を検討中の企業が35.2％に達し、人権方針の必要性を認識し、検討段階に入っている企業が多くいることが明らかになった。また、人権デュー・ディリジェンスを実施している企業の回答割合は10.6％にとどまったが、1年以内に実施予定である企業が3.3％、数年以内の実施を検討中である企業が39.9％に達し、人権デュー・ディリジェンス実施に向けた企業の取組みが、今後、加速していくことが想定される。

　⑶　デロイト人権サーベイ2023

　2023年10月〜11月、デロイト トーマツ ファイナンシャルアドバイザリー合同会社において実施したアンケート調査では、人権方針やポリシーを策定した企業は約65％、自社グループに対する人権デュー・ディリジェンスやリスク評価を実施している企業は約45％であった。一方、サプライチェーンに対する人権デュー・ディリジェンスやリスク評価を実施している企業は30％未満であった（第3章Ⅱ7⑶参照）。

　4　人権尊重に関する取組みにおける留意点

　⑴　経営陣によるコミットメントの重要性

　人権尊重の取組みは、採用・調達・製造・販売等を含む企業活動全般において実施されるべきであるから、人権尊重責任を十分に果たすためには、全社的な関与が必要になる。したがって、企業トップを含む経営陣が、人権尊重の取組みを実施していくことについてコミットメントするとともに、積極的・主体的に継続して取り組むことが極めて重要である。

24　ジェトロ「日本企業の海外事業展開に関するアンケート調査」（2022年度ジェトロ海外ビジネス調査　2023年2月）〈https://www.jetro.go.jp/ext_images/_Reports/01/d3add687bd7a74cc/20220061_01rev2.pdf〉。

(2)　取組みに関する優先順位の設定

多くの企業にとって、人的・経済的リソースの制約等を踏まえると、すべての取組みを直ちに行うことは困難である。そこで、企業は、人権尊重の取組みの最終目標を認識しながら、まず、より深刻度の高い人権への負の影響から優先して取り組むべきである[25]。

この点に関して、繰り返しになるが、深刻度の検討にあたっては、人権への負の影響が生じる場合の企業の経営に対する深刻度を対象とするのでなく、個人に与える人権への負の影響がどの程度深刻であるのかを対象とするということである。

なお、深刻度が同等に高い潜在的な負の影響が複数存在する場合には、まず、蓋然性の高いものから対応することが合理的である[26]。

(3)　関係者間の協力体制の構築

企業の人権尊重の取組みに際して、あらゆる事項を自社のみで行うことはできず、自社のサプライヤー等に対しても取組みを求めることもある。この場合、あくまでサプライヤー等の関係者と「協力して」取組みを行うのであり、たとえば、直接の契約関係にある企業に対して、その先のサプライチェーン上の人権尊重の取組みを任せてしまうべきではない。また、製品やサービスを発注するにあたり、その契約上の立場を利用して取引先に対し一方的に過大な負担を負わせる形で人権尊重の取組みを要求した場合、下請法や独占禁止法に抵触する可能性がある。個別具体的な事情を踏まえ、取引先と十分な情報・意見交換を行い、その理解や納得を得られるように努める必要がある[27]。

「協力」した取組みとして、経済産業省ガイドラインは以下のような例をあげている[28]。

25　前掲〈注1〉2.2.4。
26　前掲〈注1〉脚注37。
27　前掲〈注1〉2.2.5。
28　前掲〈注1〉2.2.5。

① 　人権尊重に向けた取組みの優良事例を共有するための自社・グループ会社向けワークショップに、サプライヤーも招待する。

② 　取引先と定期的に取組みを強化すべき人権課題等についての意見交換会を開催し、両者の間に共通理解を形成したうえで、それぞれの企業における人権尊重の取組みに活用する。

③ 　国際スタンダードに基づく人権尊重の取組みを実施してきたことを踏まえ、その取組みが十分に行えていない取引先に対して、その参考になる取組方法や取組みの好事例を紹介する。

II　人権方針の策定

1　人権方針の策定の意義

　指導原則（2011年）の三つの要件の一つとして、人権尊重責任を定着させるための基盤として、企業がこの責任を果たすためのコミットメントを、企業方針のステートメントをとおして表明することが求められている。

　人権方針は、人権を尊重するための取組みの全体について、企業としての基本的な考え方を示すものである。また、世間では「『人権方針』を策定する必要がある」と一般にいわれているが、独立した人権方針が必須であるわけではなく、方針の名称を「人権方針」としなければならないわけでもない。そもそも、「○○方針」という名の文書を作成することが目的なのではなく、人権尊重責任を果たすために何をコミットメントするのかという内容を吟味することこそが重要である（ただし、以下では、便宜上、コミットメントを表明するための方針を「人権方針」と称して説明する）。

　指導原則（2011年）においては、人権尊重責任を果たすためのコミットメントの表明は、以下のような要件を満たす方針のステートメントにより行うべきであると定める。つまり、人権方針の策定にあたっては、以下の五つの要件を満たすことが求められるということになる。

① 　企業のトップを含む経営陣で承認されていること
② 　企業内外の専門的な情報・知見を参照したうえで作成されていること
③ 　従業員、取引先、および企業の事業、製品またはサービスに直接かかわる他の関係者に対する人権尊重への企業の期待が明記されていること
④ 　一般に公開されており、すべての従業員、取引先および他の関係者に向けて社内外にわたり周知されていること
⑤ 　企業全体に人権方針を定着させるために必要な事業方針および手続に人権方針が反映されていること

(1)　企業のトップを含む経営陣で承認されていること

　人権方針は、人権尊重責任を果たすための企業の行動を決定するものであり、経営理念とも密接にかかわるのであって、当然のことながら、全社的な方針となる。したがって、その内容については経営陣による承認を要するということになる。決して、一部門が方針案を作文してウェブサイトに掲示しておけば足りるということにはならない。コーポレートガバナンス・コード（2021年6月改訂）（以下、「ガバナンス・コード（改訂）」という）においても、取締役会は、人権の尊重を含むサステナビリティをめぐる課題に積極的・能動的に取り組むよう検討を深めるべきであると定められている[29]。

(2)　企業内外の専門的な情報・知見を参照したうえで作成されていること

　人権問題は、分野が多岐にわたり、関係者も多数存在し、かつ、刻々と状況が変化しているともいえる。したがって、前記(1)とも関係するが、企業の一部門・一担当者の既存の知識や経験だけで、現実に即した方針の策定が完結するといえない場合が多いであろう。「専門的な情報・知見」には、たと

29　ガバナンス・コード（改訂）補充原則2-3①。

えば、専門家からの助言のほか、信頼できる資料の確認も含まれる。

　　⑶　従業員、取引先、および企業の事業、製品またはサービスに直接か
　　　かわる他の関係者に対する人権尊重への企業の期待が明記されている
　　　こと

　企業のコミットメントというと、役員や従業員がどう考えどう行動するか
ということのみに目がいきがちである。しかし、繰り返し述べているとおり、
人権尊重の取組みに関してはサプライチェーン上のさまざまな関係者と協働
することが求められている。人権方針においても、こうした関係者に対する
企業の「期待」を表明することが要件とされている。このような表明に基づ
き、サプライヤーとの契約書に人権尊重の規定を含める、監査またはモニタ
リングを実施して取引関係の継続の判断材料とするなどの具体的な方策を講
じることができる。

　　⑷　一般に公開されており、すべての従業員、取引先および他の関係者
　　　に向けて社内外にわたり周知されていること

　人権方針は、担当部署や経営陣が作成・承認して終わるのではなく、その
内容を「期待」の対象である従業員やサプライチェーン上の関係者に認識・
理解してもらうことが当然に求められる。また、広く公開することにより、
コミットメントが確定的なものであるという経営陣の意思を示すことにもな
る。「他の関係者」には、たとえば、自社の事業に直接関係する組織、投資
家、重大な人権への負の影響のリスクを伴う事業における影響を受ける可能
性のあるステークホルダーが含まれる。

　　⑸　企業全体に人権方針を定着させるために必要な事業方針および手続
　　　に人権方針が反映されていること

　「事業方針および手続」には、たとえば、行動指針や調達指針が含まれる。
人権方針はそれ単独で存在すれば機能するものではなく、その内容が、実際
に事業を進める際の手がかりとなる方針・規程・手順等においても反映され

て初めて意味のあるものとなる。したがって、人権方針の策定とともに、関連する方針や諸規程等と人権方針との整合性の確認や見直し等も必要となる。

2　人権方針策定の進め方

　経済産業省実務参照資料においては、①自社の現状把握、②人権方針案の作成、③経営陣の承認、④公開・周知等の四つのプロセスに沿って人権方針を策定することが示されている（【図表71】参照）[30]。

【図表71】　人権方針策定のプロセス

プロセス	ポイント
①自社の現状把握	社内各部門からの知見収集、ステークホルダーとの対話・協議等を通じた、自社が関与し得る人権侵害リスク（人権への負の影響）についての確認
②人権方針案の作成	①も踏まえつつ、記載すべき項目を検討
③経営陣の承認	企業のトップを含む経営陣の承認
④公開・周知等	自社ウェブサイトへの掲載等、一般への公開、従業員、取引先、関係者への周知

(1)　自社の現状把握

　どのような人権にいかなる負の影響が生じるかは、各企業が行う事業の種類や規模等によっても違いが生じうるといえる。したがって、同業他社が公表する人権方針や雛型的な文案を、参考にするにとどまらずほぼそのまま流用するのでは、自社の事業に関係する人権について尊重する責任を果たすコミットメントとはいえない。また、こうした自社の実態を反映しない「横並び」の方針は、従業員その他の関係者に浸透せず、単に額に入れて飾られたお題目にすぎないこととなりがちである。

　そこで、いきなり人権方針案の作文を始めるのではなく、まず、自社の事業の種類や規模、展開する国や地域等に応じて、自社が関与する可能性のある人権は何か、その人権侵害（人権への負の影響）としてどのような事態が

30　経済産業省実務参照資料3頁の表を一部編集。

考えられるか、その影響はどの程度となりうるかといった現状把握をする必要がある（【図表71】参照）。その際には、前記1②（企業内外の専門的な情報・知見を参照したうえで作成されていること）のとおり、企業内外の専門的な情報・知見を参照することが求められる。

　この現状把握については、たとえば、以下のような点を実行することが考えられる。

①　社内のさまざまな部門（営業・調達・製造に限らず、人事・法務・研究開発等も含む）から、どの関係者（ステークホルダー）が、いかなる人権について、どのような負の影響を受けるかについての情報や知見を集約する。経済産業省実務参照資料の別添1「参考資料」には、事業分野別・産品別・地域別の具体的な人権課題や人権侵害リスクの例が列挙されており、これらを手がかりにたたき台を作成したり、各部門へのヒアリングの材料としたりすることが考えられる[31]。社内において実際に生じた問題等の事例も重要である。また、労働組合や労働者代表との協議により、企業側とは異なる側面からの意見や視点を得る。

②　「ビジネスと人権」の分野における専門家の助言を得て、自社の事業において重要と思われる人権リスクを検討する。

③　リスクが高いと特定される部分については、さらにその分野や国・地域等に関する専門家、事情に精通した業界団体やNGO等の意見も聴く。

(2)　人権方針案の作成

　人権方針案の作成にあたっては、十分性、網羅性、整合性、準拠性、運用可能性といった視点[32]にて検討することが有益である（【図表72】参照）。

　人権方針の原案の責任部署は、前記(1)にあげた現状把握を行ったうえで、得られた情報や知見を踏まえ、自社の人権方針に記載すべき項目を検討する（具体的な記載項目の例は、後記3参照）。

31　日本弁護士連合会「人権デュー・ディリジェンスのためのガイダンス（手引）」（以下、「日弁連ガイダンス（手引）」という）3.4.2.3における、ステークホルダーごとの典型的な問題事例の例示のリストも参照のこと。
32　企業への支援の際、実務的に利用している項目である。

【図表72】　人権方針策定の声明をとおして明らかにすべき項目

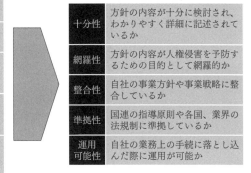

人権を尊重する責任を定着させるための基礎として、企業は以下の要件を備える方針の声明をとおして、その責任を果たすというコミットメントを明らかにする必要がある		

企業の経営トップの承認		
社内外からの専門的な助言	十分性	方針の内容が十分に検討され、わかりやすく詳細に記述されているか
従業員、取引先、製品やサービス等に関与する関係者に対する人権に対する配慮への期待を明記する	網羅性	方針の内容が人権侵害を予防するための目的として網羅的か
一般に公開されており、従業員、取引先、出資者、その他利害関係者に対して周知している	整合性	自社の事業方針や事業戦略に整合しているか
	準拠性	国連の指導原則や各国、業界の法規制に準拠しているか
一般企業全体の事業方針や手続に反映されている	運用可能性	自社の業務上の手続に落とし込んだ際に運用が可能か

(3)　経営陣の承認

前記１①（企業のトップを含む経営陣で承認されていること）のとおり、人権方針は、企業のトップを含む経営陣で承認されていることを要する。人権という重要な事項に関する全社的なコミットメントであることから、基本的には取締役会等の経営の最高意思決定機関における承認という手続を経ることが考えられるが、その前に、法定の機関ではない経営会議やサスティナビリティ委員会等の任意の会議体で審議・承認を経ることも一般に行われるところである。

(4)　公開・周知等

人権方針は策定して社内承認を受けて終わりではない。企業やグループ各社の全体に人権方針を定着させ、事業活動は人権方針に適合した形で行われなければならない。そのため、以下のような公開・周知のための方策をとることが考えられる。

①　人権方針という企業のコミットメントの表明として、自社のウェブサイトへの掲載等の方法により一般へ公開する。

②　人権方針の定着のために、社内に周知する。「周知」というには、社

99

内のイントラネットや掲示板に人権方針を掲載するのはもちろんのこと、研修を実施したり、経営陣から従業員への挨拶やメッセージの際に人権方針に言及したりするなど、従業員が真に人権方針を認識し、理解するための方策が必要である。

③　人権方針が具体的な事業活動の方針の一つとなるよう、既存の行動指針や調達指針等に人権方針の内容を反映する。

④　取引先や関係者に対しても、ウェブサイトへの掲載等にとどまらず、個別に人権方針やその他の指針の存在と内容を伝え、その理解と適応を要請する。

⑤　公開・周知とは直接関係がないが、人権方針が実のあるものであり続けるために、人権デュー・ディリジェンスの結果や社内外の新たな事例等を踏まえ、定期的に、または随時、人権方針を見直すことも必要であろう。

3　人権方針の項目

経済産業省実務参照資料においては、人権方針に記載することが考えられる項目の例として、以下の7項目をあげている[32]。

---

①　位置づけ

②　適用範囲

③　期待の明示

④　国際的に認められた人権を尊重する旨のコミットメントの表明

⑤　人権尊重責任と法令遵守の関係性

⑥　自社における重点課題

⑦　人権尊重の取組みを実践する方法

この点、日弁連ガイダンス（手引）3.3.2.1においても、人権方針の要素

32　前掲〈注30〉4頁。

として、①人権尊重に対する当社の考え方、②企業関係者（ステークホルダー）に対する人権についての期待、③人権に関する国際規範や国際基準への支持表明、④方針の適用範囲、⑤企業理念や他の社内規定（行動規範、CSR活動方針等）との関連性、⑥ステークホルダー（rights holders）との対話・協議、⑦人権侵害事象が発生した場合の是正プロセス（救済手段）といった7項目をあげており、重なり合う。

　以下、経済産業省実務参照資料の7項目に沿って、具体的に説明する。

(1)　人権方針の位置づけ

　企業活動における人権尊重の重要性は一般社会にも理解が広がりつつあるが、では、人権方針そのものが企業にとってどのような存在であるのか、既存の経営理念や行動指針とどうかかわりがあるのかという点については、社内において必ずしも理解が共通とはいいきれない。

　人権方針は、人権尊重の取組みについて企業の基本的な考え方を示すものである。人権方針においては、各社の事業活動に即した人権尊重の重要性を述べたうえで、その考え方に基づいて事業活動を行うことを示す。したがって、人権方針は、人権尊重の取組みに関する最も重要な規範であり、この取組みに関する他の規程や規範より上位に位置することを明示することも考えられる。また、人権方針が指導原則（2011年）等の国際的規範の求める基準に沿って策定されていることや、前記1②（企業内外の専門的な情報・知見を参照したうえで作成されていること）のプロセスを示すこともある。

(2)　人権方針の適用範囲

　人権方針が適用される範囲を規定する場合、子会社・海外グループ会社等を含むかという法人単位の観点と、役員・正社員・契約社員・派遣社員等のどの範囲まで含むかという構成員単位の観点とがありうる。

　法人単位については、グループ会社をいっさい含まないという考え方もありうるが、一定の範囲のグループ会社について、人権尊重の取組みに関する基本的な方針が異なるという必要性や、あるいは方針を策定しなくてよいという事情などは考えにくく、自社と同様の方針とすることが通常であろう。

M&A や投資においても、買収・投資先が自社の人権方針に適合する企業か否かを検討することが重要であり、そうした検討を経た買収・投資先には自社の人権方針を適用するのが整合的である。ただし、適用範囲については、子会社に限るか、関連会社を含むか、マイナー出資先も含むかといったバリエーションはあろう。「グループ会社」と記載する場合は、その定義が別途明らかであることが望ましい。

　構成員単位については、多くの場合、特に役員と正社員に限るわけではなく、社内において事業活動に携わるあらゆる者に適用するということとなろう。

　なお、人権方針を自社やグループ会社に限らず取引先やサプライチェーン上の企業などにも適用するとする場合もあるが、相手の同意もなく適用すると方針に明記したとしても、当然に適用されるとはいいがたい。取引先等については、自社の人権方針を「支持することを期待する」「ご理解いただくことを期待する」といった「期待」を示すにとどめることも多い（後記(3)参照）。

　(3)　人権尊重への期待の明示

　指導原則（2011年）は、前記1③（従業員、取引先、および企業の事業、製品またはサービスに直接かかわる他の関係者に対する人権尊重への企業の期待が明記されていること）の要件を定めている[33]。

　人権方針は、自社における人権尊重の取組みに関するコミットメントの表明なのであるが、繰り返し述べるとおり、この取組みは自社のみでは実現できず、取引先を含む関係者との協働が求められる。そこで、人権方針では、こうした関係者による人権尊重について、企業が「期待している」ということを明らかにする。表現としては、「人権を尊重すること」を期待する旨を記載する場合や、「本方針に対する理解や支持」を期待すると記載する場合

33　人権方針の記載事項は、基本的には各社が検討し任意に選択して差し支えないが、この事項に関しては指導原則（2011年）における要件の一つとされており、何らかの形で期待を明記することが必須であるといえる。

もある。

（4）　国際的に認められた人権を尊重する旨のコミットメントの表明

　人権尊重の責任を果たすためには、今や、「国際的に認められた人権」を尊重することが必須である。ステークホルダーから、人権尊重に関する自社の考え方を真に理解してもらうためには、この点に関するコミットメントを表明することが必要である。「国際的に認められた人権」には、少なくとも、国際人権章典[34]で表明されたもの、および、ILO宣言にあげられた基本的権利に関する原則[35]が含まれる[36]。また、指導原則（2011年）やOECD指針、UNGC等がこれらの人権を尊重する企業の責任について言及している。したがって、これらの文書の支持・尊重等を記載することが重要と考えられる[37]。

　なお、人権方針は「基本的な考え方」であるから、現実には比較的簡潔にとどめることが多く、また望ましいといえる。これらの国際的規範における個々の権利に網羅的に言及することは実際的ではなく、人権方針では包括的な表現にとどめ、個々の権利に関する対応については別途、サステナビリティに関する報告書やウェブサイトの説明に記載することも考えられる。

（5）　人権尊重責任と法令遵守との関係性

　人権は、前記(4)の国際的規範に基づく「国際的に認められた人権」と、各国の法令で認められた権利が関係する。企業は、事業活動を行う国や地域における法令を遵守することが当然に求められる一方、「国際的に認められた

34　「世界人権宣言」〈https://www.mofa.go.jp/mofaj/gaiko/udhr/1b_001.html〉、並びにこれを条約化した主要文書である「市民的及び政治的権利に関する国際規約」〈https://www.mofa.go.jp/mofaj/gaiko/kiyaku/2c_001.html〉および「経済的、社会的及び文化的権利に関する国際規約」〈https://www.mofa.go.jp/mofaj/gaiko/kiyaku/2b_001.html〉を指す（前掲〈注30〉）。

35　結社の自由および団体交渉権の効果的な承認、あらゆる形態の強制労働の禁止、児童労働の実効的な廃止、雇用および職業における差別の排除、安全で健康的な作業環境を指す〈https://www.ilo.org/tokyo/about-ilo/WCMS_246572/lang--ja/index.htm〉（前掲〈注30〉）。

36　前掲〈注1〉2.1.2.1.。

37　前掲〈注30〉5頁。

人権」と各国・地域の法令とが整合せず[38]、法令を遵守しているだけでは人権尊重責任を十分に果たしていないこととなる場合もある。このような状況を想定し、当該国・地域の法規制と国際的な人権規範が異なる場合は、人権方針において、国際的規範が示すよりレベルの高い基準に従う、あるいは、「国際的に認められた人権」を最大限尊重する方法を追求するという関係性を示すことが考えられる。

(6)　自社における重点課題

　人権方針の策定にあたり、自社の事業の種類や規模、展開する国や地域等に応じて、自社が関与する可能性のある人権は何か、その人権侵害（人権への負の影響）としてどのような事態が考えられるか、その影響はどの程度となりうるかといった現状を把握する作業が求められる（前記2(1)参照）。しかし、限られた時間やリソースの中で、重要な課題に早期に対応することが求められることから、現状把握の過程においては、自社の事業活動においてより深刻度の高い人権課題を認識し、それらに特に集中して対応する取組みを行うことが合理的である。

(7)　人権尊重の取組みを実践する方法

　人権方針の策定後、企業全体に人権方針を定着させ具体的に実践していくためには、人権デュー・ディリジェンスや苦情処理メカニズム（グリーバンス・メカニズム）の基本的な方針や枠組み、実施方法について説明したり（前記Ⅰ2参照）、人権方針の運用の責任者の指名、監督部署の設置、モニタリング体制の構築といったガバナンス体制について説明したりすることが考えられる。一連の取組みにおいて、ステークホルダーの考え方を取り入れるための対話等を行うことも重要であり、この点に言及する人権方針の例もある。

(8)　人権方針の実例からみた記載項目の集計データ

　また、32の企業の実際の人権方針においてどのような項目を規定しているかについて、デロイト人権サーベイ2023の結果を紹介しておきたい（【図表

38　条約等の批准や国内法化の状況が異なったり、政治的・文化的な事情等により人権保障が必ずしも十分ではない法令体制となっていたりする場合である。

73】参照。「評価」欄のAは「（人権方針内で）ほとんどの企業で含めている」項目、Bは「多くの企業で含めている」項目、Cは「一部の企業で含めている」項目である）。

　項目として、主に、①はじめに、②基本的な考え方、③人権方針、④体制、⑤今後に向けて、⑥人権デュー・ディリジェンス、⑦人権デュー・ディリジェンスへの取組み、⑧苦情処理メカニズム（グリーバンス・メカニズム）の運用、⑨ステークホルダーとの対話、などの項目が定められていることがわかる。実際の策定にあたって参考となると思われる。

4　人権方針の拘束力

　人権方針の前記1①（企業のトップを含む経営陣で承認されていること）の要件に基づき、人権方針は社内において一定の拘束力を有することが考えられる。日弁連ガイダンス（手引）3.3.2.4においては、「就業規則のような最上位の拘束力を持たせる必要がある」とする。また、拘束力を有するという以上、人権方針に違反した場合において、懲戒処分を含めた人事考課上の不利益を受けるといった枠組みを設け、規範性をもたせる必要がある。

　ただし、どのような場合に「人権方針に違反した」といえるかどうかをあらかじめ明確に示しておくことをはじめ、適正な手続の必要はあろう。日弁連ガイダンス（手引）3.3.2.4においては、「行動のネガティブ・リストを示しておくこと、本人に釈明の機会を与えること、組織学習につなげること」が提示されている。

5　人権方針の実例

　ここでは、キリングループとソニーグループの人権方針について紹介する。人権方針の文章そのものについては、それぞれのURLからアクセスできるウェブサイトを参照されたい。それぞれ、規定ぶりが異なる二つの実例を取り上げている。

(1)　キリングループ人権方針

　2021年9月、外務省により公表された「『ビジネスと人権』に関する取組事例集——『ビジネスと人権の指導原則』に基づく取組の浸透・定着に向け

【図表73】　各企業における人権方針の項目

大項目	中項目	社数	評価	概要
はじめに	トップメッセージ、これまでの取組み等	11	B	多数ではないが、最初にトップからの人権尊重に対するメッセージやコミットメント、会社の人権尊重への考え方、時系列にしたこれまでの会社の取組みなどをまとめている企業もあり。
	基本的な考え方	26	A	基本的な考え方、という項目を初めに入れている企業は8割以上。この項目で、企業の人権尊重に対しての基本的な考え方や位置づけ等を説明。
人権方針	方針・規程	19	A	人権方針、行動規範や各種規程でどのようなガイドラインを定めているかを紹介。少数ではあるが、この他に人権尊重に対するコミットメントや目標、声明やポリシー原文を追加で紹介する企業もある。
	外部有識者との連携・ダイアログ	10	B	外部から知見のある有識者とともにどのように人権尊重に取り組むべきか議論する等連携がある旨記載。
	人権方針の適用範囲	7	C	企業の人権方針が誰に適用されるのか明記（役員・従業員・派遣社員等）。
	国際規範の支持・尊重	11	B	世界人権宣言、指導原則（2011年）など人権に関する国際規範を支持し、各規範に基づき人権を尊重することを記載。
体制	推進体制（責任の所在の明確化）	24	A	人権への取組みの推進体制を項目として入れている企業は8割程度で多数。組織図などを用いてどういった組織体制で実行されているか、意思決定はどのようにされているか、責任の所在の明確化などを明記。
	今後に向けて	6	C	多数ではないが、今後に向けて、現在認識している課題やそれに対する取組み、アクションプラン等を記載する企業もある。

人権デュー・ディリジェンス	人権デュー・ディリジェンスの考え方	7	C	人権デュー・ディリジェンスの考え方として、各企業の定めた人権方針のもと、「ビジネスと人権に関する指導原則」や、「責任ある企業行動のためのOECDデューディリジェンス・ガイダンス」を尊重し人権デュー・ディリジェンスに取り組む旨を記載している企業があった。
	人権リスクインパクト評価の実施	15	A	各企業の事業活動に関連が大きい人権リスクを特定し、リスク軽減に取組む為のリスク評価の実施やその実施方法などを記載。
	重点領域の特定	14	B	人権リスク評価によってリスクと特定されたものや重点取組み領域として特定されたものを記載。企業によっては人権課題・リスクマップを記載している。
人権デュー・ディリジェンスへの取組み	差別・ハラスメント防止策	7	C	パワハラやセクハラ撲滅への取組み内容や、不当な差別の排除に対する取組みを記載
	労働条件（労働時間・賃金等）	9	C	各国・地域の法令遵守、労働環境、労働時間の改善、最低賃金抵触の有無のモニタリング等の取組みを紹介。
	個人情報保護	7	C	従業員・顧客の情報の取扱いや保護に関する方針や規程の紹介。
	多様性の尊重／DEI[39]推進	12	B	ジェンダー・障害・国籍・人種・年齢・性的指向等に基づく差別のない組織づくりに対する取組みの紹介。
	禁止事業（児童労働・強制労働・人身取引・現代奴隷）における取組み	11	B	児童労働、強制労働、人身取引などの人権侵害や重大な違反やリスクがないか等の評価や確認の実施の紹介。

39　DEIとは、「Diversity, Inclusion, Equity」の頭文字をとった言葉である。「Diversity」は多様性、「Inclusion」は包括性、「Equity」は公平性のことを指す。

107

人権デュー・ディリジェンスへの取組み	バリューチェーンでの人権尊重	8	C	サプライヤー、投資先、コミュニティなどバリューチェーン全体で発生する人権リスクへの取組みなどを紹介。
	サプライチェーンマネジメント体制の強化	8	C	サプライチェーン上での労働問題などの人権に関する負の影響が発生することを防止・軽減するための取組みなどを紹介。
	その他		C	その他、労使の取組み、健康経営、ユニバーサルデザインの導入、環境・社会リスクへの取組み、ESG投資、安全性の確保、社会貢献など各企業が取り組んでいる取組み内容をここで紹介。外国人・女性・子ども・障害者など特定のターゲット別の人権尊重取組み内容を記載する企業も多数。
苦情処理メカニズムの運用	エシックス＆コンプライアンス・ホットライン	9	C	社内の問題を報告できる多様な窓口を設置していることを記載する企業も多数。企業によって、従業員、派遣労働者、顧客、サプライヤーなどあらゆるステークホルダーが人権に関する相談ができる体制を整えていることを記載する企業も多い。また、ハラスメント専用窓口など、苦情の内容ごとに窓口を設置している企業もいる。ホットラインの調査体制や運用状況、通報件数や分類、ホットラインの周知や報復措置などの詳細を記載している企業も多い。
	サプライヤー・ホットライン	10	B	
	顧客からの意見・苦情窓口設置	9	C	
	ハラスメント相談窓口	11	B	
	従業員の対応窓口	16	A	
ステークホルダーとの対話		11	B	社員・顧客・サプライヤー等あらゆるステークホルダーと継続的なコミュニケーションを実施し、人権尊重への理解を相互に深め、協働し合う旨記載。
教育研修・啓発	社員の教育研修	25	A	社員全体へ、ビジネスと人権の基本的な考え方や対応強化ポイントなど、社員一人ひとりが理解し日々の行動で実践できるよう、研修の導入や意識啓発活動を通して、社員への浸透を図る旨記載。
	社員の意識啓発	14	B	
	役員の研修	7	C	

説明責任および情報の開示	情報の開示	13	B	人権デュー・ディリジェンスやインパクト評価の内容、進捗、実施状況などをコーポレートサイトなどに公開し、社会からのフィードバックを得るなど、さらなる取組みにつなげる旨記載。
	モニタリング	7	C	各取組みに対する継続モニタリングなどを通して、継続的に負の影響の発生有無や改善などへ取り組んでいる旨記載。

て』（以下、「外務省取組事例集」という）[40]において、キリングループの人権方針[41]に関する実務上のポイントが以下のとおり紹介されている。

「人権方針の策定と並行し、バリューチェーン上でどのような人権課題が重要なのかといったリスク特定を行い、人権方針策定後、途切れなく人権デュー・ディリジェンスを実施している。

人権方針を作成する前に、グループ事業で重要と思われる人権課題を列挙し、外部専門家の意見やインターネットによるデスクトップ調査を踏まえて、リスクのマッピングを実施。その上で、リスクが高いと特定された国・地域で活動する人権専門家とテレビ会議等を開催し、現地の意見を反映させている。

人権課題の特定には客観性の担保が重要となるため、全規範の上位方針として、今後の活動の方向性を決定付ける人権方針を策定するに当たり、外部専門家やステークホルダーと対話を実施している」。

　(2)　ソニーグループ行動規範

同じく、外務省取組事例集においてソニーグループ株式会社の事例が紹介されている[42]。ソニーグループ行動規範[43]は、全社的な行動規範の中に人権尊重に関する基本方針を追加するという方法を採用している。

40　外務省取組事例集（令和3年9月）〈https://www.mofa.go.jp/mofaj/files/100230712.pdf〉。
41　キリングループ人権方針　〈https://www.kirinholdings.com/jp/impact/community/2_1/policies/〉。
42　前掲〈注40〉。

　「2003年に策定された『ソニーグループ行動規範』を2018年に改訂し、『人権の尊重』に関する基本方針を新たに追加。『ソニーグループ行動規範』は、グループ全体における最重要規範という位置付けであり、取締役会の承認を得て発行されている。この行動規範は、全世界で多様な事業を行っている全社員に周知が徹底されている文書で、人権に関するコミットメントをグループ横断的に表明する上で適した文書であると考えた。

　最上位概念として行動規範でカバーしつつ、電子機器製品を対象とするサプライチェーン行動規範や、AI倫理ガイドライン等、人権リスクが存在し得る領域について、それぞれ方針やリスク低減のためのマネジメントシステム（社内体制及びプロセス／仕組み）を整備している」。

Ⅲ　人権デュー・ディリジェンスの進め方

1　指導原則（2011年）の内容の理解

　指導原則（2011年）では、人権デュー・ディリジェンスにおいて実施すべき項目が以下のとおり規定されている（指導原則17〜22）（【図表74】参照）。各規定内容を個別にみていきたい。

⑴　人権デュー・ディリジェンスの実行

　指導原則17では、企業責任として人権デュー・ディリジェンスを実行すべきであるということが規定されている。

【指導原則17】

　人権への負の影響を特定し、防止し、軽減し、そしてどのように対処するかということに責任をもつために、企業は人権デュー・ディリジェンスを実行すべきである。そのプロセスは、実際のまたは潜在的な人権への影響を考量評価すること、その結論を取り入れ実行すること、それ

43　SONY GROUP CODE OF CONDUCT（ソニーグループ行動規範）〈https://www.sony.com/ja/SonyInfo/csr_report/compliance/code_of_conduct_JP.pdf〉。

【図表74】　指導原則（2011年）内の18〜21の概要

❶ 現状分析（現地調査を含む）

サプライチェーン可視化・負の影響分析
・サプライチェーン可視化
・自社・グループ人権リスクアセスメント
・サプライチェーン人権リスクアセスメント
・オンサイト人権リスク調査

人権への負の影響の特定 指導原則 18

❹ 中長期ロードマップ

人権遵守に関わる方針・体制
・中長期ロードマップ策定と実行
・情報開示

対情報発信と外部とのコミュニケーション 指導原則 21

人権
HUMAN
RIGHTS

❷ 是正実行

予防・是正アクションの実行
・人権コンプライアンス体制強化
・人権ポリシー策定・改定・修正
・契約書の見直し・更新
・取引可否判断基準・マニュアル策定
・その他サプライチェーンへの是正対策
・グリーバンス・メカニズムを備えた窓口設置

人権に関する負の影響の予防・軽減 指導原則 19

❸ 継続監視

是正実行状況の確認・情報開示
・モニタリング体制構築
・定期的モニタリング計画の策定
・オンサイト人権リスク継続調査
・取引継続可否の判断
・救済の機会の提供継続
・継続教育・研修の実施

対応の実効性の追跡調査 指導原則 20

に対する反応を追跡検証すること、及びどのようにこの影響に対処するかについて知らせることを含むべきである。人権デュー・ディリジェンスは、

a．企業がその企業活動を通じて引き起こしあるいは助長し、またはその取引関係によって企業の事業、商品またはサービスに直接関係する人権への負の影響を対象とすべきである。

b．企業の規模、人権の負の影響についてのリスク、及び事業の性質並びに状況によってその複雑さも異なる。

c．企業の事業や事業の状況の進展に伴い、人権リスクが時とともに変わりうることを認識したうえで、継続的に行われるべきである。

　負の影響の評価の対象は顕在化していない潜在的な人権リスクも対象となるため、現状の自社およびグループ会社やサプライチェーンにおける現状把握を適切に実施しリスクの把握を行う必要がある。

　まずは、自社のビジネスモデルの正しい理解と自社グループにおける優先すべきリスクの可視化、サプライチェーン自体の可視化が必須となる。また、取り扱っている商品やサービスの特徴や業界における商習慣等、国によって異なる文化や宗教感等ビジネスに関する基本的な特徴と人権の侵害リスクが発生する可能性等のメカニズムを理解することも必要であろう。

　この点、自社のサプライチェーンについて網羅的にこのような手続を実行できればよいが、通常考えてみても非常に困難であることは容易に理解できる。このため、一定の分析を実施し、自社グループにおける高リスク領域を特定し、実施対象範囲の絞り込み（スコーピング）をしたうえで、人権デュー・ディリジェンスを実施することが推奨される（後記2参照）。また、これらのリスクの認識は継続的に実施する必要があり、継続的に実施が可能な手法を構築する必要がある。

　(2)　負の影響の特定・評価

　指導原則18では、負の影響の特定・評価について規定されている。

【指導原則18】

　人権リスクを測るために、企業は、その活動を通じて、またはその取引関係の結果として関与することになるかもしれない、実際のまたは潜在的な人権への負の影響を特定し評価すべきである。このプロセスでは、以下のことをすべきである。

　a．内部及び／または独立した外部からの人権に関する専門知識を活用する。

　b．企業の規模及び事業の性質や状況にふさわしい形で潜在的に影響を受けるグループやその他の関連ステークホルダーとの有意義な協

> 議を組み込む。

　人権への影響を評価するためのプロセスは、従来実施してきている企業における一般的なリスク評価手法や環境・社会影響評価などプロセスに含めて実施することはできるが、従来のリスク評価では、国際機関の公表している定義や方針、各国法規制等の考え方が含まれていないことが多い。

　このため、人権特有の負の影響を正しく把握し評価するためには、従来の手続とは別に、新しく各国の評価基準等を設定し、実施することが求められる。この際、人権に関する専門知識を有する者に関与させることが重要である。

　また、新規に法律が施行された、新しい人権領域が社会で認知された、社会における重大な人権侵害が発生していることが判明した等の外部要因や、事業内容の変更、グループ会社の統廃合、サプライチェーンの再構築などの内部要因等、人権にかかわる状況は日々変化するため、継続的に評価を実施する必要がある。

　人権侵害を受ける可能性のあるステークホルダーとの協議を行うことで、普段は認識できていない潜在的な人権侵害リスクを新たに発見・認識する可能性が高まるため、意見交換や協議することが推奨される。また、そのような場で自社の取組みや人権方針等についての理解を求めていくことも重要なことである。

　(3)　負の影響の防止・軽減

指導原則19では、負の影響の防止・軽減について規定されている。

【指導原則19】
　人権への負の影響を防止し、また軽減するために、企業はその影響評価の結論を、関連する全社内部門及びプロセスに組み入れ、適切な措置をとるべきである。

> ａ．効果的に組み入れるためには以下のことが求められる。
>
> 　ⅰ．そのような影響に対処する責任は、企業のしかるべきレベル及び部門に割り当てられている。
>
> 　ⅱ．そのような影響に効果的に対処できる、内部の意思決定、予算配分、及び監査プロセス。
>
> ｂ．適切な措置は以下の要因によって様々である。
>
> 　ⅰ．企業が負の影響を引き起こしあるいは助長するかどうか、もしくは影響が取引関係によってその事業、製品またはサービスと直接結びつくことのみを理由に関与してきたかどうか。
>
> 　ⅱ．負の影響に対処する際の企業の影響力の範囲。

　人権デュー・ディリジェンスの結果、把握された課題に対して負の影響を防止・軽減するための措置を整備・導入するためには、自社としての人権方針のコミットメントが関係する事業部門すべてに腹落ちしていないと実現は不可能である。

　これを実現するためには、経営層・管理職層から従業員層に至るまで、「ビジネスと人権」に対する取組みが自社全体としての企業責任として実施すべきであるということを周知・教育すること、つまり関係者全員に正しく腹落ちするまで丁寧に説明し、理解を求める手続が必須であるといえる。また、企業全体の取組みとして実施するためには、経営層による意思決定に加えて、適切な予算や人員等のリソースが必要である。

　対象企業が、①人権に対する負の影響を引き起こしまたは助長しているようなケースにおいては、助長を速やかに取りやめるように影響力を行使することで負の影響の低減を行う、②将来における予防に注力するべきであるが、対象の企業が負の影響を引き起こすまたは助長していないケースにおいては、対象企業との取引関係の重要性、侵害の深刻度、さらにはその企業体との取引関係を終了させることによる影響も含めて、さまざまな視点から評価する

必要がある。このような場合においては専門家に助言を求めることが推奨される。

(4)　取組みの実効性の評価

指導原則20では、取組みの実効性の評価について規定されている。

【指導原則20】

　人権への負の影響が対処されているかどうかを検証するため、企業はその対応の実効性を追跡評価すべきである。追跡評価は、

　ａ．適切な質的及び量的指標に基づくべきである。

　ｂ．影響を受けたステークホルダーを含む、社内及び社外からのフィードバックを活用すべきである。

　追跡評価については負の影響への継続的改善の状況を把握するために必要である。

(5)　説明・情報開示

指導原則21では、説明・情報開示について規定されている。

【指導原則21】

　人権への影響についての対処方法について責任をとるため、企業は外部にこのことを通知できるように用意をしておくべきである。影響を受けるステークホルダーまたはその代理人から懸念が表明される場合には、特にそうである。企業は、その事業や事業環境が人権に深刻な影響を及ぼすリスクがある場合、どのようにそれに取り組んでいるかを公式に報告すべきである。あらゆる場合において、情報提供は、

　ａ．企業の人権への影響を反映するような、また想定された対象者がアクセスできるような形式と頻度であるべきである。

　ｂ．関与した特定の人権への影響事例への企業の対応が適切であった

かどうかを評価するのに十分な情報を提供すべきである。

　ｃ．それと同時に、影響を受けたステークホルダー、従業員、そして
　　商取引上の秘密を守るための正当な要求にリスクをもたらすべきで
　　はない。

　自社が実践している人権に対する取組みについて影響を受ける個人、
集団、投資家など他のステークホルダーへの透明性や説明責任を果たす
ためには、情報の開示をする必要がある。情報の開示は対面での会議体、
オンラインでの会議、報告書等さまざまな形態が想定され、年次でのサ
ステナビリティ報告書に加え、自社ウェブサイト上での非財務統合レポ
ートも含まれる。

(6)　負の影響への対応（是正措置あるいは苦情処理メカニズム（グリー
　　ンバンス・メカニズム）の確立）

指導原則22では、負の影響への対応について規定されている。

【指導原則22】

　企業は、負の影響を引き起こしたこと、または負の影響を助長したこ
とが明らかになる場合、正当なプロセスを通じてその是正の途を備える
か、それに協力すべきである。

　是正措置についてはさまざまな視点で実行することが推奨される。これら
の是正措置を実行する際には、内部および／または独立した外部からの人権
に関する専門知識を活用することが求められる。

①　人権コンプライアンス体制強化：人権課題に取り組む組織体の強化
②　人権ポリシー策定・改定・修正：既存の人権方針の強化修正、方針が
　　未策定の場合は人権デュー・ディリジェンスの結果を用いて適切な人権
　　方針の策定を推奨する

③　契約書の見直し・更新：自社で策定した人権方針等へ参画するように働きかけることが可能な内容に変更する（二次サプライヤー等の情報提供なども含め人権デュー・ディリジェンスへの協力を得ることができるような関係構築のための契約書に変更していく）

④　取引可否判断基準・マニュアル策定：人権方針に違反または明らかな人権侵害等の負の影響を引き起こした、または助長した際の取引継続可否の判断等を事前に決定しておく

⑤　その他サプライチェーンへの是正対策：継続的なコミュニケーションを図り人権に対する適切な取組みを行うように働きかける

⑥　救済の機会の提供とアクセス準備：苦情処理メカニズム（グリーバンス・メカニズム）等を備えた救済措置の場をしくみとして整備・導入する

⑦　教育・研修の実施：自社内、グループ会社およびサプライチェーンに対する継続的な人権遵守のための教育を計画的にかつ必要十分な品質で実施する

2　人権デュー・ディリジェンスの範囲の確定（スコーピング）

(1)　スコーピングとは

　人権と一言でいってもその範囲は相当に広いため、人権にかかわるリスクを抽出するといっても何から始めてよいのか非常にわかりにくい。いわゆる「ビジネスと人権」における企業として考慮すべき人権の種類を紹介したが（第1章Ⅱ参照）、これらは多岐にわたるところ、確かにどれも企業責任・経営者責任を考慮するとすべて重要な遵守すべき人権であるといえるが、はたしてそのすべてを一企業が網羅的に状況を把握し、対応することが現実的であろうか。また、グローバルにビジネスを展開している企業として、重要なサプライヤー、顧客、下請企業、ベンダー、さらには二次サプライヤー等の関連する直接・間接の取引先は多岐にわたり、これらを把握するだけでも苦慮することとなる。さらには、海外へビジネスを広く展開し、海外拠点を有している場合は、その地政学的な特性、つまり各国の人権侵害に係るリスク

についても考慮する必要が出てくる。

　このように人権侵害リスクに対して現状把握を行う際、取り組むべき対象となる人権リスクは非常に広範囲であるため、人権デュー・ディリジェンスを実行するうえで重要なポイントとしては、現状把握をする対象範囲を決める点にある。ここではこれを「スコーピング」と呼ぶことにする。

　(2)　スコーピングの想定軸

　スコーピングは、いくつかの「軸」に従って実施することが一般的といえる（【図表75】参照）。

　一つ目の軸としては、①人権のカテゴリーの範囲が考えられる。自社、自社グループ、自社サプライチェーンにおいてどういった人権侵害が高リスクなのかによって、取り扱うべき人権侵害の種類が変わってくることになる。

　次に、②グローバルサプライチェーンにおける範囲は広大で、やはりすべてのサードパーティに対して実施することは物理的には難しいため、優先的

【図表75】　スコーピングの想定軸

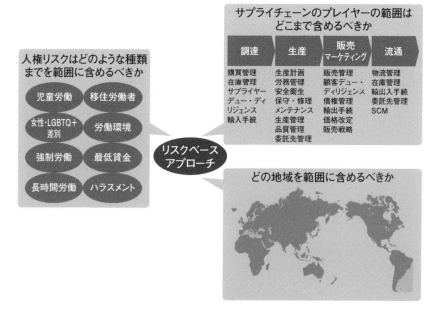

に取り組むべき対象の絞り込みを行う必要が出てくる。

　もう一つ大きな軸としては、地政学的リスクを背景にグループ会社やサードパーティ等の所在する③地域の範囲が重要な軸となりうる。

　このほかにも優先対象先を選定するために検討するべき軸は、企業によって、業界によって異なるため、どういった軸でスコーピングを行うかについて検討すべきである。

3　人権デュー・ディリジェンスの実施対象と社内における進め方

(1)　人権デュー・ディリジェンスの実施対象

　人権デュー・ディリジェンスにおいてリスク評価を実施する対象は、自社グループからサプライチェーンの取引先まで広範囲にわたるため、一度にすべてを同時並行的に実施することは非常に難しい。過去の経験上、自社グループ内に対するリスク評価から開始し、まずは社内およびグループ企業の理解と協力を得ることから開始すべきである（【図表76】参照）。

　人権デュー・ディリジェンス等のガバナンス強化、コンプライアンス統制強化などの施策を進めていく際、最初の障害として、経営課題として企業経営層の理解を得ることができないため、取組みが開始できないという状況が指摘される。ここでは人権デュー・ディリジェンスを推進する役割を担っている部門の方々に対して効果的な手法として、経営者層における経営責任について勉強会等を実施することで、その必要性に対する理解を得る活動を行うことを推奨したい（【図表77】参照）。経営者を含めた勉強会を実施する際に最も強調するべきポイントとしては、「ビジネスと人権」への対応に関する要求は多様なものがあり（【図表78】参照）、これらに対応していくことが最も重要な経営者の責務の一つである点を強調することにある。指導原則

【図表76】　リスク評価対象の範囲

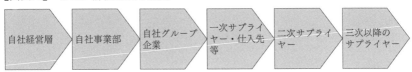

自社経営層　自社事業部　自社グループ企業　一次サプライヤー・仕入先等　二次サプライヤー　三次以降のサプライヤー

【図表77】　社内における人権デュー・ディリジェンスの進め方

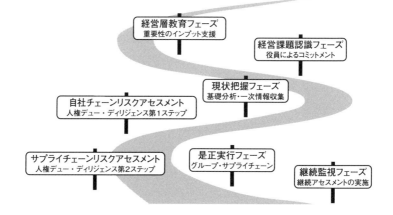

（2011年）、経済産業省ガイドラインともに人権遵守は経営責任の一つとして明示されていることを摘示しておくとよい。

（2）　ソフト・ローとハード・ローによる影響

　欧州各国では、指導原則（2011年）、コーポレート・サステナビリティ・デューディリジェンス指令（CSDDD 欧州指令）等の国際機関からの要求を受けて、昨今、新規に罰則を伴うサプライチェーンに対する人権デュー・ディリジェンスを義務づける法制化が進められてきている（【図表79】参照）。

　2023年にドイツで施行されたサプライチェーン・デュー・ディリジェンス法（以下、「ドイツ デュー・ディリジェンス法」という）の日系企業に対する影響が大きく、自社グループの拠点がドイツにない場合であっても顧客がドイツ企業またはドイツ企業とサプライチェーンを共有する企業の場合、顧客側等の義務化による間接的な影響により人権デュー・ディリジェンスに参加することを余儀なくされる。一例として、顧客側の人権方針の受諾や人権への取組みの現状調査のためのアンケートや、個別の状況確認のためのインタビューへの回答が求められる。その結果、人権リスクが高いと認識された場合は、個別の人権に関する調査や監査の実施の要求等さまざまな対応が求められることとなる可能性が高まっている。

【図表78】「ビジネスと人権」への対応に関する要求

国際機関からの要求	ハード・ローからの要求	サプライチェーンリスクマネジメントからの要求		株式市場からの要求	
		顧客からの要求	人権リスクマネジメント	非財務情報対応	
指導原則（2011年）／CSDDD 欧州指令	英国／フランス／ドイツ等／米国			ESG投資	
OECD 指針等	罰金を含めた義務化	ハード・ローから間接的要求 顧客側における義務	ソフト・ローとしての政府方針・ガイドライン 企業責任・経営者責任からの要求 人権リスク顕在化時の対応 リスク対応（低減）の視点	企業価値の評価の要求 株主からの要求 融資先からの要求	
日本NAP 行動計画 ガイドライン					
経団連 ガイドライン	義務対象の企業と取引がある場合、義務対象企業のサプライチェーンとして人権デュー・ディリジェンスの手続に組み込まれ人権対応を要求される可能性が高い	競合へ転注 取引停止等リスク	調達不能	ブランドイメージ・レピュテーション毀損	工場等におけるストライキ 従業員による人権訴訟
国際機関・人権団体からの事実提起リスク				金融機関による評価	株価悪化 出資金毀損
政府等からのガイドライン 逸脱 提起リスク		第三者責任 訴訟リスク	サプライチェーン再構築コスト増	損害賠償 補償義務リスク	従業員意識低下 人材流出リスク
				借入不能リスク	株主代表訴訟リスク

121

【図表79】　各国における人権に関する法規制

国	法規制	施行年等	内容
英国	現代奴隷法	2015年	2020年9月22日に「サプライチェーンの透明性に関する意見聴取に対する政府回答」が公表された
フランス	企業注意義務法（人権デュー・ディリジェンス法）	2017年	サプライチェーン上に係るデュー・ディリジェンスを義務づけ 対象企業は、フランス国内の従業員数が5,000人、または全世界の全グループ従業員数が10,000人以上の企業 民事責任等
オランダ	児童労働デュー・ディリジェンス法	2022年	サプライチェーン上の児童労働に係るデュー・ディリジェンスを義務づける法律 罰金、刑事責任等
ドイツ	サプライチェーンデュー・ディリジェンス法	2023年	サプライチェーン上に係るデュー・ディリジェンスを義務づけ 対象企業は、本店、主要な事業所、または登録事務所がドイツ内にある企業で、当初は3,000人以上の従業員を有する企業 2024年以降：ドイツに拠点をおく従業員1,000人以上の企業、または従業員1,000人以上の外国企業のドイツ登録支店 義務に反した場合の行政罰（罰金等）
オーストラリア	現代奴隷法	2019年	対象企業は、連結収益高が1億AUD以上のオーストラリア企業またはオーストラリアで事業を行う企業 報告義務に違反した場合の罰則はなし
米国	カリフォルニア州のサプライチェーン透明法	2012年	対象企業は、全世界における売上高が1億USDを超える小売業者または製造業者を対象 報告義務のみ
米国	ウイグル強制労働防止法	2021年	強制労働によって生産されたものではないことを証明する等のいくつかの要件を満たさない限り、中国の新疆ウイグル自治区で生産された産品および同産品を組み込んだ産品の輸入を原則として制限

3 人権デュー・ディリジェンスの実施対象と社内における進め方

　また、2021年に施行された米国ウイグル強制労働防止法では、米国内へ輸入する場合、強制労働によって生産されたものでないことを証明する義務が課されることとなっている。

　このように、指導原則（2011年）や日本政府の方針といった、罰則を伴わないが経営責任が明示されている「ソフト・ロー」に加え、諸外国における「ハード・ロー」による影響がサプライチェーンを伝わって日系企業に対し対応を迫られる状況となってきている。

(3)　人権侵害が企業に与える影響

　サプライチェーン上の人権侵害リスクを可視化せずに放置していた結果、仕入先との取引停止等により調達が不能となり、その影響でサプライチェーンを再構築せざるを得ない状況に陥った場合、その再構築コストの負担といったビジネス上のリスクも収益性に対する大きなインパクトとなりうることが容易に予想できる。

　また、自社グループ企業またはサプライチェーンにおいて人権侵害が行われていたといった情報が社会に流通してしまった場合、特にブランドイメージを重要な要素としてビジネスを展開している企業にとって、致命的なインパクトを被ることが想定される。

(A)　被害者等からの責任追及の可能性

　侵害からの直接的なインパクトとしては、被害者等から侵害に対する責任を問われる場合が想定される。

　たとえば、被害者を支援する人権擁護団体が、侵害の行われた当該国の政府とともに人権侵害事案を提訴し、損害賠償や補償の要求を申し出るケースも予想される。また、昨今、日本でも芸能事務所において補償に関する問題が取り沙汰されたばかりであることは記憶に新しいであろう。

　さらに、従業員が被害者となった場合、メディアへの情報流出や人権侵害にかかわる訴訟、ストライキの発生なども考えうるリスクである。

　このような状況を従業員が見聞きすることで自社への忠誠心や業務にあたる際のモチベーションやエンゲージメントは急激に落ち、優秀な人材が流出

したり、新規人材の確保が難しくなってしまったりすることは容易に想像できる。

　　⒝　株主からの責任追及の可能性

　自社ビジネスに対する負のインパクトに関しては、株主からも強く責任を問われることになるだろう。甚大な負の影響が発生してしまった場合、株主代表訴訟となってしまう可能性も無視できない。

　株主の視点から考えると、このような人権コンプライアンスへの取組みが脆弱な企業に対しては、ESG 投資の視点で投資するに値しないとの評価をもってしまう可能性は高いだろう。

　また、昨今の投資に対する評価に対して、大きな影響を与える要素としてESG の評価機関のレーティングがあるところ、ESG の「S：Social」の重要な一つの要素である人権コンプライアンスの視点は、このレーティングに与える影響も大きいものといえる。これらの評価機関による影響は、金融機関の融資の際の評価にも少なからず影響を与えることになる。

　⑷　人権デュー・ディリジェンスの社内における進め方

　以上のように、人権侵害リスクに関する経営者の責任は、広範囲でかつ重大であることがわかる。このような経営者責任について十分に理解されていない企業経営者もいるため、人権デュー・ディリジェンスを担当する部門としては、あらためて経営者責任とこれに伴うリスクについて注意喚起をする意味でも、経営者を含めた勉強会を実施することは非常に重要である。経営者に対する影響を効果的に与えるためには、このような勉強会の実施について、専門家に依頼をすることが最も効果的であると考える。

4　人権への影響評価

　⑴　人権リスク評価

　一般的なリスク評価においては、事業における金銭的な負の影響の大きさや、金銭外の負の影響の大きさ等を評価する軸である「影響度」と、想定しているリスクが顕在化する可能性や過去におけるリスクが顕在化した頻度等の軸である「発生可能性」の二つの軸で評価をすることが一般的である（【図

【図表80】　リスク評価の視点

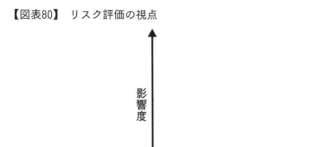

表80】参照)。この二つの軸がともに高い領域、すなわち【図表80】におけ
る右上が高リスク領域と評価できる。

　これに対し、人権リスク評価を実施する際には、以下の視点で実施するこ
とが要求される。

　一つ目の評価軸は、人権侵害の特性や重大性、被害者の状況を評価する
「侵害の規模」であり、二つ目の評価軸は、侵害の及ぶ対象者・人数や被害
を受けたグループの大きさを評価する「侵害の範囲」であり、三つ目の評価
軸は（ここが人権リスク評価として一般的なリスク評価と異なる部分でもあるが）、
人権侵害が発生してしまった以前の状態への回復をすることへの困難さ（た
とえば、補償や被害の物理的な回復等が可能であれば回復が可能ではあるが、精
神的被害等治療等を必要とする場合や、回復に相応の時間を要する場合、あるいは、
そもそも以前の状態への回復が見込めない場合など）の視点でリスク評価を行
う「救済困難度」である（【図表81】参照）。

　人権リスク評価においては、これらの視点についてリスクの度合いを評価
していくことになるが、「救済困難度」の視点で、侵害前の状態への回復が
見込めないという状況の場合は、「侵害の範囲」と「侵害の規模」が相対的
に低リスクとの評価結果であったとしても、重大な人権侵害として取り扱う
点に留意されたい。

【図表81】　人権リスク評価の視点

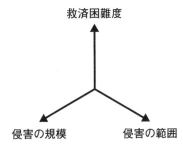

【図表82】　人権リスク評価のプロセス

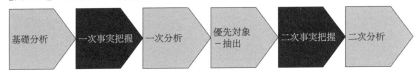

(2)　人権リスク評価の手続

　人権侵害におけるリスク評価の軸については理解できたかと思うが、以下では、実際の人権リスク評価の手続についてみていきたい。ここでは、①基礎分析、②一次事実把握、③一次分析、④優先対象抽出、⑤二次事実把握、⑥二次分析という流れに沿ってその実務上の留意点を紹介する（【図表82】参照）。なお、リスク評価の手続にはさまざまな手法があり、これが正解であるというものはないため、ここで紹介するものは一つの例としてみていただければ幸いである。

(A)　基礎分析

　まずは、自社グループがおかれている内的環境・外的環境等を踏まえた基礎分析を実施することを推奨している。ここで行う基礎分析とは、リスクの範囲を絞り込むための初期的分析として実施することを目的とし、入手が可能な情報の範囲内で行う。基礎分析の結果、リスク評価の範囲に含めるべき人権の種類（カテゴリー）、サプライチェーンの範囲（スコープ）、含めるべき地域や国（エリア）等を絞り込む「スコーピング」を実施する。

　スコーピングにおいては、一般的に、①事業概要、②ビジネス特性、③組織図、④グループ会社、⑤経営方針、⑥顧客、サプライヤーリスト、⑦社内規程、⑧競合他社、⑨業界特性、⑩サプライチェーンが所在する対象国の法規制などの項目について情報収集し、概観の分析を行う（【図表83】参照）。自社内の情報を中心として収集するため、関係部門を巻き込むことができれば必要な情報は入手することができるはずである。情報が十分に入手できない場合は、自社グループ内におけるガバナンスや統制状況が不十分である可能性もあるため、人権に対する取組み以前に課題がないかについても同時に評価すべきである。

　　(B)　一次事実把握

　一次事実把握の段階では、ある程度スコーピングが実施できてきており、評価するべき対象の人権リスクの概観がみえてきている段階である。ここから具体的なリスク評価を実施するための情報の収集を開始するわけだが、まずはデスクトップ調査（①ドキュメント調査、②サーベイ調査など）にて収集できる情報を入手することを優先する。デスクトップ調査は、インタビューや現地訪問を伴わない調査方法であり、広範囲な情報収集を行う際にはより効率的に行うことが可能である。

　(a)　ドキュメント調査

　ドキュメント調査では、自社グループにおいて既存の社内方針や社内規程、職務分掌・決裁権限関連文書、教育関連文書、サプライチェーン関連の契約書、内部通報実績等の分析評価を行うために、関連する評価対象の文書や情報を収集する（【図表84】参照）。

　一言で文書・情報といってもさまざまなものが含まれており、社内方針については、ウェブサイトに記載があったり、反対に明文化されているものがなかったりするため、必要に応じて経営者にインタビューを行う必要が出てくる可能性がある。

　社内規程については、まずは社内規程一覧を入手し把握するべき範囲を可視化してから個別の内容のアセスメントを実施することを推奨する。

【図表83】　スコーピングに必要な分析項目・内容

分析項目	主な分析内容
事業概要	人権デュー・ディリジェンスを行う対象企業の事業内容の理解を行い、過去現在未来におけるコンプライアンス違反やその可能性について検討する。
ビジネス特性	ビジネスモデル、収益の源泉やステークホルダーの全体の関係図を把握して可視化する。これにより把握するべきリスクの範囲の概観を把握する。
組織図	企業における役割や機能について把握することにより現状のコンプライアンス統制環境を理解し、その強度の概観を理解する。
グループ会社	グループ会社の数の多さ、各拠点の所在の広がり（国内外）を把握する。また、過去現在におけるグループ会社における人権侵害の事例や内部通報状況等の概要を理解する。
経営方針	経営者の方針、人権に対する取組等の TOP のトーン[44]を理解する。また、子会社の場合親会社からの方針がどの程度ガバナンスの強度に寄与しているかを分析する。
顧客、サプライヤーリスト	詳細の分析はこの時点では不要だが、顧客・サプライヤー・ベンダーなどの各取引先の管理状況を把握する。リストが出てこない場合はサプライチェーンに対する管理状況はできていないという評価ができる。
社内規程	社内規程の全容をまずは把握することが重要である。規程に人権にかかわる内容が少なければ、実態として人権に対する取組みや教育が十分には実施できていないことがうかがわれる。
競合他社	競合他社の状況について人権への取組み状況を分析し自社と対比することで自社の進捗度を相対的に評価することができる。現時点は概要の把握で十分である。
業界特性	各種業界によっては法規制が厳格ですでに人権にかかわる規制が存在している場合、社内規程や別途取組みが実施されていなくとも、必要十分な人権対応が自動的に実施されている場合もある。
サプライチェーンが所在する国の法規制	グループ会社に限らず一次サプライヤー等の所在する地域や国における人権関連法規制や法の執行状況、その他地政学的な人権リスク等を考慮する必要がある。

【図表84】 ドキュメント調査において対象となる資料

分類	基準	チェックリストに含めるべき項目
社内方針	経営方針、TOPのトーン	経営理念、行動指針 価値観、コミットメント 従業員ガイドブック
社内規程	人権関連社内規程	就業規則、人権規程 ハラスメント防止規程 グローバル購買規程
職務分掌・決裁権限の関連文書	役職や部門における責任等の記載	業務・職務記述書（責任等が明記） 決裁権限表
教育関連文書	教育計画・資料	年間教育計画、教育の実績の証憑等 教育時の資料等 教育実施後のアンケート調査などによる受講者の理解度の確認結果
サプライチェーン関連の契約書	取引関連の文書	基本取引契約書 取引先とのコミュニケーション履歴等
内部通報実績	通報実績の件数や事案の内容	内部通報事案リスト 内部通報対応履歴 ハラスメント実態調査履歴 人権侵害、企業風土等に関する過去のアンケート調査結果

　職務分掌・決裁権限関連文書については、組織図から、会社全体の各部門のつながりと、所管するべき業務を整理し、各部門における職務の単位で職務内容を細分化する職務を遂行するにあたって、必要な権限を割り当て、役割、責任、職務範囲が明確になっているかを確認する。

　また、各部門が機能するよう必要となる情報が適切に流通するようなレポ

44　TOPのトーンとは、「Tone at the Top」ともいい、経営者が社員に対して示す倫理的な姿勢、トップとしての色、価値観等のことをいう。
　内部統制やコンプライアンス・プログラムを整備しても、経営トップが権限のオーバーライドをすることで無効化することが可能となる。このため、TOPのトーンは、全社的統制の要であるといえる。

ーティングラインが構築・運用されているかも重要なポイントである。

　教育関連文書については、人権に関連した教育計画の有無と教育実施の証憑を確認するが、教育自体は社内・社外にかかわらず実施しているかを確認する。教育で使用している資料は評価対象となる。教育内容が十分であるか、教育実施後にアンケート調査を行い、理解度を確認することも重要である。

　サプライチェーンの確認項目で重要なポイントとしては、契約書の内容と取引先とのコミュニケーションがどのように行われているか等が重要なポイントとなる。

　内部通報実績も重要な評価対象となる。

　評価対象の状況を分析するために、これらの内容をチェックリストとして、必要な情報の収集を行うことが求められる。

　(b)　サーベイ調査

　サーベイ調査では、アンケート調査による分析評価を行う。アンケート調査における質問の内容については、法律・ガイドライン等での要求事項に基づいてチェックリストの作成を行い、対応状況について質問を作成する必要がある（【図表85】参照）。

　アンケート調査の対象としては、自社の経営層、人権関連業務関与者層（該当する管理部門等）、事業部門管理職層およびスタッフ層、グループ会社経営層、サプライチェーン企業経営層等その対象によって質問の内容や聴き方に工夫が必要となる。また、海外企業に対しては実態を回答してもらうため各国のローカル言語へ翻訳してアンケート調査を実施することを推奨する。これらのチェックリストの作成は専門家の支援を得て実施することが一般的である。

　質問としては、社内向けであれば50問〜100問程度、一次サプライヤーや二次以降のサプライヤー等のサプライチェーン向けであれば20問〜40問程度を準備しておくことを推奨するが（【図表86】参照）、各国ごとに要求される項目が異なることが想定されたり、質問の準備だけで相応の時間とリソースを要することが予想されたりするため、自社内での作成については網羅性・

【図表85】　サーベイ調査において参考となる法律・ガイドライン等

分類	チェックリストに含めるべき項目
国際機関	**国連人権理事会** 国連ビジネスと人権に関する指導原則
	国連総会 国際人権章典（世界人権宣言と国際人権規約）
	経済協力開発機構（OECD） 多国籍企業行動指針、責任ある企業のためのデュー・ディリジェンス・ガイダンス
	国際法
日本	責任あるサプライチェーン等における人権尊重のためのガイドライン（経済産業省）
	労働基準法、労働契約法 ハラスメント対策関連法（①労働施策総合推進法（パワハラ）、②男女雇用機会均等法（セクハラ）、③育児・介護休業法） 児童福祉法、児童虐待防止法、最低賃金法、労働安全衛生法、男女雇用機会均等法（均等待遇）、外国人技能実習法
	業界基準・法規制等
各国	各国の労働法・その他関連法
	人権デュー・ディリジェンス関連法規制 現代奴隷法（英）、企業注意義務法（人権デュー・ディリジェンス法）（仏）、児童労働デュー・ディリジェンス法（蘭）、デュー・ディリジェンス法（独）、オーストラリア現代奴隷法（豪）、ウイグル強制労働防止法（米）

十分性等を考慮するとともに、特に広範囲に広がるサプライチェーンに関連する地域や国の法規制を含めた質問を構築するとなると難易度も高いため、外部専門家の支援を検討することを推奨する。

131

【図表86】 サーベイ調査の質問例

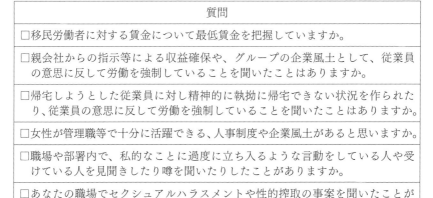

質問
□移民労働者に対する賃金について最低賃金を把握していますか。
□親会社からの指示等による収益確保や、グループの企業風土として、従業員の意思に反して労働を強制していることを聞いたことはありますか。
□帰宅しようとした従業員に対し精神的に執拗に帰宅できない状況を作られたり、従業員の意思に反して労働を強制していることを聞いたことはありますか。
□女性が管理職等で十分に活躍できる、人事制度や企業風土があると思いますか。
□職場や部署内で、私的なことに過度に立ち入るような言動をしている人や受けている人を見聞きしたり噂を聞いたりしたことがありますか。
□あなたの職場でセクシュアルハラスメントや性的搾取の事案を聞いたことがありますか。

 (C) 一次分析

　一次事実把握において収集された情報に基づいて、一次分析を実施する。この一次分析の結果により高リスク対象の抽出を行い、高リスクが認識された対象について、二次事実確認を実施することになる。

　一次分析で留意すべき点は、①事業・ビジネスに特有のリスク、②地域・国に特有のリスク、③製品群・サービス群に関連するサプライチェーンに特有のリスク、④自社・グループ・サプライヤーの企業特有リスクの四つの視点で、リスクのレベルを3段階から5段階程度に分けて評価をする（【図表87】参照）。

 (D) 優先対象抽出

　一次分析を行った後、自社事業部門、グループ会社、サプライチェーンの3段階に対して、高リスクとなる優先対象を抽出する（【図表88】参照）。

　まずは、高リスクの事業を特定する。基礎分析（前記(A)参照）で把握したビジネス特性、業界特性、製品特性、競合他社、事業拠点の所在する地域や国に特有のリスク、特殊なステークホルダーの有無等、人権リスク等の前提条件としての固有の人権リスクを評価する。

【図表87】　一次分析における分類と評価の対象となるリスク

分類	評価の対象となるリスク
事業・ビジネス	事業・ビジネスや業界におけるリスク、ビジネスモデル、同業他社との比較等によるリスク
ジオグラフィカル	自社グループおよびサプライチェーンに関連した地域と国のリスク
サプライチェーン	サプライチェーンに関するリスク、特殊なステークホルダーに関するリスク
企業特有	自社グループの対応状況のアセスメント、企業風土や統制強度等

【図表88】　優先対象抽出のプロセス

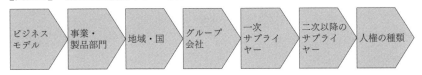

　次に、ドキュメント調査（前記(B)(a)参照）で実施した社内における人権コンプライアンスリスクの低減、予防のための統制環境を評価する。この統制強度の度合いによって、前提条件としての固有リスクに対応してリスクを低減できているかについて評価を行う。

　サーベイ調査（前記(B)(b)参照）の結果は、自社の関係者の個人としての人権意識や人権リスクの低減するための企業風土、人権リスク低減のための統制が十分に浸透しているか、国際機関や個別の国内法等で定義づけられている人権尊重の状況に問題がないかなど、認識しきれていない潜在的な人権リスクを把握し、それを評価する。

　その後、一次分析（前記(C)参照）の結果により、優先対応すべき対象を絞り込んでいく。この手続の中で重点的に追加の情報収集を行うべき対象が絞り込まれていくことになる。ここの絞り込みの手続については企業によってさまざまな方法があるため、ここでは一つの例を紹介するにとどめる。

　サプライチェーンの範囲については、垂直的関係の範囲をまずは検討する。一次サプライヤーに対するリスク評価は必ず実施すべきであるが、二次以降のサプライヤーについては一次サプライヤーとの対話やサーベイ調査等を経て実施した一次サプライヤーに対するリスク評価の結果を確認しつつ、高リスクが認められ、ビジネスモデルの特性上、二次以降のサプライヤーがビジネスに対する負の影響のリスクの高い場合に実施することを推奨する。

　一次サプライヤーや二次以降のサプライヤーの絞り込みについては、人権リスクの高低に加え、ビジネスに対する影響の度合いも同時に考慮することが一般的である。取引高の金額や全体に占める割合等の定量的情報により優先順位づけをする、または、継続取引の年数、上場・非上場などの企業に対する信頼性の高低等を基に順位をつけるなど、現状で収集が可能な情報の中で検討する。

　　(E)　二次事実把握

　二次事実把握では、①インタビュー、②チェックリストによる観察・調査を実施する。

　(a)　インタビューの実施

　インタビューの実施に際して留意すべき点は、事前に確認するべきポイントをチェックリストで準備しておき、次の二次分析で必要な情報を十分に聴き出すことに専念することである(【図表89】【図表90】参照)。ただし、インタビューにおいては、①常にインタビュー対象者が真実や事実を話すとは限らないこと、②対象者が話をした内容に偏りが出てしまうこと、③当初確認しようとしていた内容が質問できずに終わるリスクがあることを念頭におく必要がある。

　そこで、まずは、インタビューの初期に、対話等を通じてインタビュー対象者との信頼関係の構築を行うべきである。インタビューが進んでいくに従って、業務の実態、本音や愚痴、ネガティブ情報が聞こえ始めてくる。その中に、具体的な人権侵害につながる「事案」に関連した情報が含められていないかを注意深く聴くことが必要である。

【図表89】　インタビューの実施

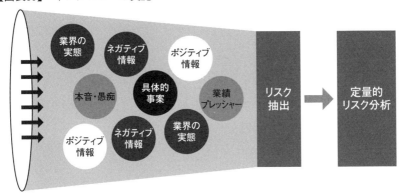

【図表90】　インタビュー調査の際の確認事項（例）

インタビューすべき項目	確認すべき主な内容
インタビュー対象者の人権の理解度合い	インタビュー対象者自身の人権に対する認識や知識の確認をする
企業としての人権方針・経営方針等	企業や経営層の人権方針等の理解の度合いを確認する
所管部門や役員の役割	各所管の部門や役員の役割を把握しているか等を確認する
所管部署や企業の人権リスクの認識	自社における人権リスクの認識ができているかを確認する
サプライチェーンにおけるリスクの認識	関係するサプライチェーンのリスクをどの程度把握できているかを確認する
人権侵害事案の認識	実際の人権侵害の事案が過去または現在ある場合、またはその懸念がある場合等の情報を聞き出す
内部通報制度等の活用状況	人権侵害を見聞きした際の対応や通報制度の運用状況について確認する
人権関連教育の状況	教育の実施状況について確認する

　最終的にインタビュー結果を取りまとめる際に、定性的情報をなるべく定量的に付合するように引き出した情報については、YES ／ NO（有／無）の形式にしたり、5段階評価としたりするなど評価に有用な情報を記載するこ

とを推奨する。インタビューを開始する前に対象者に録音やメモをとることについて許諾を得ることも忘れてはならない。

　また、インタビューを海外の企業に対して実施する際にはその国のローカル言語で行うことを推奨する。英語に比べ、母国語によるインタビューでは収集できる情報の質や量がかなり増加することが期待できるため、海外の企業に対するインタビューは、専門の通訳や人権関連専門家に委託することを推奨する。このインタビューでは、使用する言語によっては上辺だけの情報収集となってしまう可能性が高いため、この点は留意されたい。

　インタビューにおいて、質問などによって確認すべき項目については多々あるが、たとえば、①インタビュー対象者の人権の理解度合い、②企業としての人権方針・経営方針等、③所管部門や役員の役割、④所属部署や企業の人権リスクの認識、⑤サプライチェーンにおけるリスクの認識、⑥人権侵害事案の認識、⑦内部通報制度等の活用状況、⑧人権関連教育の状況などが考えられよう（【図表90】参照）。ただし、これですべてを網羅しているわけではないため、あくまでも参考としてほしい。

　(b)　チェックリストによる観察・調査

　実際にオンサイトによる訪問が許される場合、評価対象拠点を訪問することで、デスクトップ調査では得られないさまざまな情報を得ることができる。これはいわゆる内部監査部門が行っている内部監査でも同じことがいえるだろう。オンサイト訪問をすることで現地の観察、実査、文書確認等のより証拠能力の高い証憑を得ることができる。特にここでは「観察」をいかに効率的・効果的に行うかが重要な点である。現地訪問の際には必ず撮影器具を持参し、写真に収めていくことが必要である。ここでも訪問先の責任者に撮影の許諾を得ることを忘れてはいけない。

　(F)　二次分析

　二次事実把握の後、二次分析を行い、その結果をもって要是正項目を特定していくことになる。ここでの着眼点としては、①人権侵害の対象者、②侵害された人権の内容、③人権侵害の種類、④現状のリスク低減のための統制

【図表91】　二次分析における着眼点と内容

着眼点	内容
①人権侵害の対象者	対象者が内部統制の範囲、契約書での統制対象、統制が存在しない対象か、サプライチェーン上の人権侵害（自社から他社へ、他社から自社へ受ける人権侵害）等
②人権侵害の内容	【図表92】の11項目等
③損害の内容	物理的な損害、時間的損害、精神的損害等
④現状のリスク低減のための統制状況	統制の有無やその強度、救済へアクセスする権利等
⑤過去の侵害の実績・事案	実績や事案の件数や頻度等

　状況、⑤過去の侵害の実績・事案などがあげられる（【図表91】【図表92】参照）。

　二次分析を実施した後、評価対象に関してリスクの高低に従って実施すべき是正アクションを検討することになる（【図表93】参照）。

　サプライチェーンに対する評価では、たとえば、評価結果が低リスクとなった場合は継続的なコミュニケーション方法の見直しを実施することが考えられ、具体的には自社の人権方針を周知することや勉強会の実施を行うことが想定される。

　中リスクの場合は、契約書の記載内容の見直しを申し入れ、内容としては自社の人権方針を受け入れることを契約書上に記載、定期的な人権デュー・ディリジェンスの再評価に参加・協力することについても加筆すること等を依頼する。

　高リスクと評価された場合においては、対象の取引先について相手に対する継続的なコミュニケーションと影響力の行使による是正の実行を行っていくが、同時にサプライチェーン上の適正な取引先として問題がないかを再考し、オンボーディングプロセスにおける取引継続可否の判定を実施する対象

【図表92】　二次分析における人権問題に関するカテゴリと内容

No	Categories	内容
1	Child Labor	児童労働
2	Harassment	各種ハラスメント
3	Gender Discrimination	性差別（LGBTQ＋）
4	SEA (Sexual Exploitation Abuse)	性的搾取と性的虐待
5	Labor Union	労働組合・結社の自由
6	Work Environment	労働環境・安全衛生
7	Work Hours	長時間労働
8	Forced Labor	強制労働
9	Discrimination Against Vulnerable Positions	脆弱な立場の人々の差別（国籍・人種・宗教）
10	Minimum Wages	最低賃金
11	Other Human rights violation and discrimination	その他人権差別等

【図表93】　評価対象に関するリスクの高低と是正アクション（例）

	是正実行（例）
高リスク	サプライチェーンの見直し
中リスク	契約書の見直し
低リスク	コミュニケーションの見直し

取引先として取り扱う。

　このようにリスクの評価結果に従って適切な判断を実施できるように、判断基準等のルールを策定して運用することを推奨する。これによって、人権リスクが認識された際、自社の重要なステークホルダーに対して、企業としての「ビジネスと人権」についてのしかるべき是正アクションを行い、説明責任を果たすことができる。

なお、継続モニタリング（後記本章Ⅲ 6 参照）を実施した際の二次分析の結果においても、リスクの高低ごとにとるべき是正アクションについて個別にルールをつくり、判断することを推奨する。

(3) オンサイトによる人権リスク調査

オンサイトによる人権リスク調査の実施に際しては、経営層の理解を得た後に、関連事業部、購買部門などの管理部門、関連する自社グループ会社、一次サプライヤー、二次以降のサプライヤーの順に説明を行うこととなる（【図表94】参照）。

(A) 取引先等の理解を求める十分な説明

二次事実把握の際に実施する対象拠点を訪問する形式で、オンサイト調査を行うことについては、必要となるリソースや訪問先との交渉、日程など各種調整事項があるため、訪問予定の拠点に対して普段からコミュニケーションに関与している担当者を活動に関与させることが重要である。

オンサイトによる人権リスク調査では、グループ会社や直接取引先をその対象とする場合は、株主または契約書の締結当事者として相手に申し入れることになるが、二次以降のサプライヤーにオンサイトによる人権リスク調査を申し入れるときには、仲介者として自社の一次サプライヤーとよく相談して交渉することになる。ビジネス上重要なサプライチェーンの構成企業の場合は、この申入れは、相手側が理解するまで十分な説明を行う必要がある（【図表94】参照）。

優先対象抽出（前記(2)(D)参照）の際に選定された高リスク対象のサプライチェーンにおける一次サプライヤーや二次以降のサプライヤーに対して、自社で現在実施している人権デュー・ディリジェンスとはどのような目的で、

【図表94】 オンサイトによる人権リスク調査のプロセス

なぜ実施しなくてはいけないのか、自社における人権方針やグローバル購買規程における人権方針、指導原則（2011年）や日本における政府公表のガイドライン等も含めて説明文を準備し、訪問や対面での説明会を実施したり、メールや電話でのコミュニケーションを行ったりすることでオンサイトでの人権リスク調査を実施することに対して、各企業の理解を求めるように適切な手続を実行することが必要である。

　特に二次以降のサプライヤーに対しては直接のコンタクトができないケースもあるため、一次サプライヤーを経由してのコミュニケーションとなることが多い。その意味でも、一次サプライヤーに対して十分な理解を求め、人権デュー・ディリジェンスに対する協力を仰げるよう信頼関係の醸成を十分に行うことが重要である。この場合、人権デュー・ディリジェンスを所管している管理部門からの説明よりも、日常的にコミュニケーションをとっている購買部門や事業部門から連絡や説明を実施したほうが日常的に信頼関係を構築できているため、スムーズな説明を行うことができることが多い。

　また、海外のサプライヤーに対してオンサイトでの人権リスク調査を実施する場合は、間にグループ会社を経由することで言語障壁をクリアできることが期待できる。

　　(B)　確認項目のチェックリスト

　オンサイトによる人権調査を実施することの了解を取り付けた後は、日程調整を行うのと同時に、現地訪問の際に確認すべき項目をチェックリストとして事前に準備する。

　海外においてオンサイト人権調査を実施する場合は、現地国の人権関連法を事前に入手し、法律が要求する項目と現地国の商習慣、一般にリスクの高い領域について現地の事情を把握している子会社従業員や一次サプライヤーまたは専門家に情報提供を依頼し、現地で確認すべきチェックリストを作成する。

　チェック項目を確認するために必要となる手続についてもリスト化しておくことを推奨する。

(C)　複数の参加メンバー

　現地訪問するメンバーは必ず複数のメンバーを準備する。これは調査の手続が広範囲であるため、1名では対処できないという理由もあるが、調査手続が完了した後に、調査結果を複数の視点で確認する場を設け、偏った見方をしていないかをチェックすることを想定しているからである。

　海外においてオンサイト人権調査を実施する場合は、インタビューを実施する際に現地のローカル言語での会話を必要とするため、事前の通訳の準備、またはインタビュー自体を専門家に委託することを推奨する。

(D)　実施項目・調査対象・確認項目

　オンサイトによる人権調査において現地にて実施すべき項目としては、①証憑確認、②インタビュー、③内部通報等の確認、④現場観察、⑤周辺環境観察などが想定される（【図表95】参照）。調査対象の企業や国の状況に応じて実施すべき項目は異なる可能性が高く、以下は理解を促進するための一例を示したものとして参考にしていただきたい。

　インタビューの実施と写真撮影の承諾を事前に得ることは重要である。承諾がないままにインタビューの録音や写真撮影を行うことで、調査への協力

【図表95】　オンサイトによる人権調査の実施項目・調査対象・確認項目（例）

実施項目	調査対象	確認項目
証憑確認	労働時間、勤怠状況、給与支払状況	長時間労働、強制労働、最低賃金
インタビュー	経営者、労務部門管理職、従業員、現場管理職、従業員	ハラスメント、性的搾取、労働環境、労働時間、強制労働、脆弱な立場の従業員差別、性差別
内部通報等の確認	過去における通報内容の確認	人権侵害通報事案、通報に対する企業としての対応状況
現場観察	目視による観察とエビデンスのための写真撮影の実施	労働環境（安全衛生）、強制労働、児童労働等
周辺環境観察		周辺住環境、治安、環境

を得ることが難しくなる可能性もあるためである。可能であれば書面に署名を受領することを推奨する。

　　(E)　参加メンバーによる相互確認

　オンサイトによる人権調査を実施した後、調査内容について調査に参加したメンバー内で見聞きした情報や取得した証憑等について内部で共有する。この際に、参加メンバーの調査した内容を相互に確認し合うことで、事実を誤認していないかをチェックすることを推奨する。

5　負の影響に対する是正の実行

　オンサイトによる人権調査も含め、二次分析結果により要是正項目が明らかになった後に是正アクションを計画・実行していくことになる。ここで重要なのは、是正要求対象者、対象企業に対して、繰り返しコミュニケーションをとり続けることである。是正を行う際にコミュニケーションを継続的に行うことは、指導原則（2011年）にも明記されていることを再確認しておきたい。

　継続的なコミュニケーションにより是正を行うよう、影響力の行使を実施したものの、人権侵害の当事者・企業において一向に改善が推進されず問題が解決されない場合においては、関係を終了させることを検討することが必要となるケースも出てくる。ここでは是正の実施について、①人権コンプライアンス体制の強化、②人権方針（ポリシー）の策定と業務への導入、③サプライチェーンに対する是正の依頼、④教育・研修の実施、⑤苦情処理メカニズム（グリーバンス・メカニズム）を備えた救済窓口の設置の順番で重要な是正項目をいくつか紹介していきたい（【図表96】【図表97】参照）。

　　(1)　人権コンプライアンス体制の強化

　人権コンプライアンスの所管部門や所管取締役などの選任を行い、人権デュー・ディリジェンスや是正などの具体的なアクションに対しコミットする組織を設置し、適切な人員を配置する。デロイト人権サーベイ2023によると（【図表98】【図表99】参照）、人権に関する取組みを所管する部門として46％の企業が人事・総務部門、32％が法務・コンプライアンス部門、30％がサス

【図表96】 人権リスク評価の流れ

業務範囲と手続き	
人権リスクの分析	自社グループにおける人権リスクの分析
対象範囲の特定	サプライヤーリストの作成
	子会社に向けた説明文の作成と配信
	対象サプライヤー等の選定作業
	訪問先の決定
	対象サプライヤー等への説明・交渉
手続の準備	法規制の理解・確認項目・質問の作成
日程調整と事前情報収集	訪問先との日程調整
	訪問先より事前情報の収集
訪問調査	オンサイトによる人権調査の実施
報告書の作成	報告書の作成
	調査結果により対応アクションを検討・実行

テナビリティ部門、11％が経営企画部門が所管していると回答している。また、この所管部門に所属する担当者の人数は37％が１名〜４名、20％が５名〜９名、９％が10名〜20名、９％が20名以上と回答している。さらに、所管部門を設置している企業で新規の採用の計画はないと回答している企業が28％いる中で、新規に人材採用をしている企業が21％いるとの結果になった。

　これらの結果を検討すると、人事・総務、法務・コンプライアンス、サステナビリティ部門のいずれかで人権対応業務を所管しており、１名〜10名程度の組織にて人権に関連する対応をしている企業が多いことがわかる。所管部門が明確になっていない企業は全体の13％となっており、上場企業においては所管部門を明確に設定している企業が多いことが判明した。

　回答者全体のうち、「何かしらの人権関連の所管部門がある」との回答は63％、「ESG・サステナビリティ部門およびそのほかの部門を含めている」

【図表97】　人権リスク調査対象とアクション（例）

	サプライチェーンリスト作成、リスクアセスメント等の実施 →	一次分析により優先対象を抽出する →	高リスク先でスコープの絞り込み →	優先対象に対するオンサイト人権調査を計画 →	グループ会社等を通じてサプライヤーへの働きかけ	

左側アクション	カテゴリ							
グローバル対応が可能な専門家の採用	人権リスク調査チーム（外部専門家）							
法規制チェックリスト作成		国別チェックリスト	国別チェックリスト	国別チェックリスト	国別チェックリスト	国別チェックリスト	国別チェックリスト	国別チェックリスト
各国現地専門家の採用	専門家	専門家現地事務所	専門家現地事務所	専門家現地事務所	専門家現地事務所	専門家現地事務所	専門家現地事務所	専門家現地事務所
社内において事業部・管理部門等に協力要請	事業部・管理部門						グループ会社で把握している情報の収集	
株主としてグループ会社へ協力要請	グループ会社	タイ	台湾	ベトナム	中国	インドネシア	マレーシア	インド
契約に基づく依頼・交渉	サプライヤー	一次サプライヤー	一次サプライヤー	一次サプライヤー	一次サプライヤー	一次サプライヤー	一次サプライヤー	一次サプライヤー
交渉による依頼、一次サプライヤー経由の依頼	サブサプライヤー委託工場	二次サプライヤー	二次サプライヤー	二次サプライヤー	二次サプライヤー	二次サプライヤー	二次サプライヤー	二次サプライヤー

自社としての取組み、人権方針の周知説明

下部：経営層、管理職層、スタッフ層、移民労働者を対象／現地語でのインタビュー等／人権に対する現地基準の把握／工場などの観察・労働環境等／現地でのドキュメント等レビュー

との回答は24％、「ESG・サステナビリティ部門のみが所管」との回答は16％となっている。割合としてはまだ少ないがESG・サステナビリティ部門が所管している企業が一定数あり、その所属する人員数の平均は5名〜10名程度と判明した。

　所管部門がESG・サステナビリティ部門となっている企業において、「所属組織で人権への取組みを実施して得られた成果・効果」を聞いたところ、ほぼ全員が「成果・効果はない」とは答えていないことがわかった（【図表100】参照）。専門の部署を立ち上げている企業においては人権への取組みを実施し、かつその成果・効果を感じているようだ。

　以上の結果を考慮すると、「ビジネスと人権」に対して所管部門を明確にし、さらにESG・サステナビリティ部門を専任の部門として設置すること

【図表98】 所属組織における人権対応の所管部門・担当者の有無
　　　　　（再掲・【図表45】）

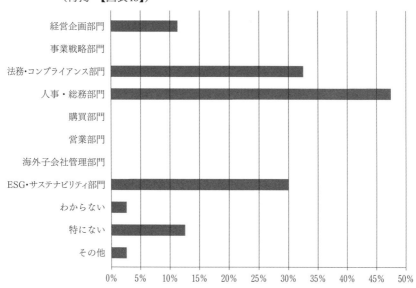

【図表99】 所管部門の担当者の人数（再掲・【図表46】）

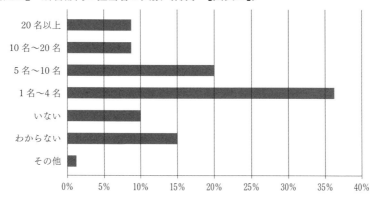

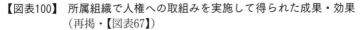

【図表100】　所属組織で人権への取組みを実施して得られた成果・効果
　　　　　　　（再掲・【図表67】）

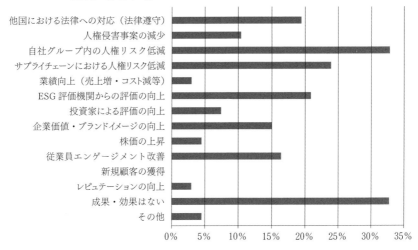

が推奨されると理解できる。今一度、現在の自社の組織体制や各部門の役割を棚卸しし、人権に対する取組みに関する体制強化を図ることを推奨したい。特に、人権デュー・ディリジェンスやリスク評価を通じて、人権に関する負の影響の評価結果から何らかの課題が抽出された際の参考としていただきたい。

(2)　人権方針の策定と業務への導入

　人権デュー・ディリジェンスの過程で、自社やサプライチェーンに関する人権リスクに照らして人権方針の内容が不十分であったり、そもそも人権方針（人権尊重責任を果たすためのコミットメント）自体を行っていない、といった発見がなされることがある。こうした場合には、人権デュー・ディリジェンスで特定された負の影響に対する是正の一環として、対応すべき人権リスクに応じた人権方針を策定し、あるいは見直すといった作業が必要となってくるであろう。人権方針の内容として要請される項目や、その策定の進め方などについては、本章Ⅱにおいて解説されているので、そちらを参照されたい。

146

(3)　サプライチェーンに対する是正の依頼

　高リスクと判定されたサプライチェーン企業、一次サプライヤー、二次以降のサプライヤーに対する是正の依頼に際しては、段階を経てその要求を強めていくといった手法が推奨される。

　指導原則（2011年）においても、サプライヤーが負の影響を引き起こしたこと、または負の影響を助長したことが明らかになる場合は、自社として対象に対して影響力を行使して是正を要求し、是正の協力をすることが必要であるとの記載がある。自社の都合だけを考慮して、突然、契約を破棄するようなコミュニケーションの断絶は、国連の求める行動指針とは異なるため、あくまでも、まずはサプライヤーとのコミュニケーションを行い、それを踏まえて、自社からの働きかけを順次実施していくことが重要である（【図表101】参照）。

(A)　自社の人権方針の文書による周知

　自社の人権方針が策定されている前提となるが、指導原則（2011年）、経済産業省ガイドライン、自社の人権方針等について説明する文面を準備し、まずはサプライヤーに対して人権に関する課題を有していること、国際社会、日本社会および政府、自社グループとして人権に関連した方針や要求事項について明確に文書を用いて伝達することから開始することを推奨する。

　文書で伝達ということは実際のコミュニケーションをとった証憑を残すという点からしても有効である。実際に自社が是正を要するサプライヤーに対し、個別具体的な影響力の行使を実施していることについて対外的に（特に自社の重要なステークホルダーに対して）証拠を伴う説明責任を果たすことが

【図表101】　サプライチェーンに対する是正の依頼のプロセス

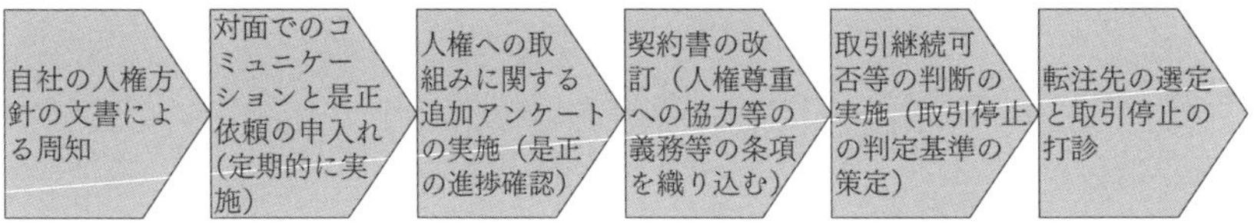

自社の人権方針の文書による周知 → 対面でのコミュニケーションと是正依頼の申入れ（定期的に実施）→ 人権への取組みに関する追加アンケートの実施（是正の進捗確認）→ 契約書の改訂（人権尊重への協力等の義務等の条項を織り込む）→ 取引継続可否等の判断の実施（取引停止の判定基準の策定）→ 転注先の選定と取引停止の打診

できる状況を準備することが最も重要である。

　　　(B)　対面でのコミュニケーションと是正依頼の申入れ

　次に、対面でのコミュニケーションを実施することを推奨したい。自社と
してすでに一次サプライヤーの窓口として日常的に対話をしている担当者か
ら定期的な会合等（たとえばサプライヤー、下請業者等を一堂に集めての説明会
等）を、すでに年次・半期等で開催している場合はそのような場を活用する。
もしそのような会合がない場合は、個別に対面によるミーティングの機会が
あれば、その際についでに人権方針の通知とともに是正に関する申入れを行
う。

　　　(C)　人権への取組みに関する追加アンケートの実施

　このような働きかけを実行した後、常に対象企業とコミュニケーションが
ある場合は問題ないが、やはり進捗状況を確認するにあたり証憑を残す目的
で是正の進捗状況に関するアンケート調査を実施することを推奨したい。現
在はオンラインで作成できるアンケートツールが多く存在するため、そのよ
うなツールを活用すれば比較的安価で短時間のうちにアンケートの整備と運
用が可能となる。少なくとも年次でアンケートの調査により進捗の確認は実
施するべきである。

　　　(D)　契約書の改訂

　これらの活動を実施していくのと並行して、サプライヤーとの間で締結済
みの基本契約書に人権遵守等の記載がない場合は基本契約書に人権遵守義務
の追記、人権デュー・ディリジェンスへの協力に関する承諾、継続的な状況
確認・モニタリングへの同意、高リスクの取引先を想定した人権侵害の発生
と助長について是正や改善が見込めない場合の契約解除条項等の追加の検討
など、取引先との契約の改訂等を進めていくべきである。

　欧州を中心に人権デュー・ディリジェンスが法律（ハード・ロー）により
義務化されてきている現状で、欧米企業の契約書には契約解除条項を含める
ケースが増えてきている。このような契約に人権遵守義務等の条項を含めて
再締結を行うことができれば、契約書に基づいた取引先への影響力の行使を

148

実施することが期待でき、より強力な働きかけを実行できる環境が整うことになる。

　このような条項を含めた契約書を再締結できた暁には、契約書を起点とした継続的な是正に対するコミュニケーション、影響力の行使を実行すべきである。

　　(E)　取引継続可否等の判断の実施

　このような継続的なコミュニケーションをとりつつ、是正の申入れを行い、是正への支援や協力を実行したにもかかわらず、人権侵害に対する是正の進捗がない、またはサプライヤーの経営者も含めた人権侵害への是正に対する明確な方針がない等の状況が明確である場合、最終的な手段として取引停止について検討することとなる。

　取引継続可否等の判断においては、従来から自社で整備・導入・運用している新規サプライヤーに対する取引開始時の適格性判断の手続、つまりオンボーディングプロセスに人権侵害リスクについても含めて実施する必要がある。

　　(F)　転注先の選定と取引停止の打診

　コンプライアンス違反リスクについて、反社チェックを実施している企業が一般的であると思料するが、これに加えて、コンプライアンス違反、レピュテーション等のリスクについてサプライヤーとしての適格性の判定をするための情報を収集し、一定の判定基準に従って取引停止の可否を判定するべきである。ここでのコンプライアンス違反とは、過去に企業において従来チェック対象であった、会計不正、贈収賄、個人情報漏洩等の違反事例に加え、人権侵害についても判定基準として含めることとすべきである。是正の影響力行使や支援を実施しても改善・是正が見込めない場合は、人権リスクのみに特化した全く別の手続を整備して導入するのではなく、この既存のオンボーディングプロセスの一連の手続の中で正式に取引停止の検討を実施すべきである。

　サプライヤーのオンボーディングプロセスで一般的に実施されているチェ

【図表102】　サプライヤーのオンボーディングプロセスにおけるチェック項目（例）

No	実施されている項目	チェックする内容
1	登記簿謄本	対象の企業が存在しているか。
2	株主名簿	主要株主の確認（親会社などの支配株主が存在するか、親会社がいる場合には、当該親会社などについても、他の項目についても、新規取引先と同様の情報を取得）する。
3	事業報告書・有価証券報告書等	損益水準、債権・債務の状況、重要な事業上の変化、その他財務分析等。
4	財務諸表分析・資金繰り	キャッシュフローや財務状況が取引先として適格か。
5	主要取引銀行・取引先	主要取引先に問題のある企業がいないか。
6	ホームページ	Web サイトの有無、事業内容がわかるか等。
7	信用調査会社レーティング	一定以上のレーティングとなっているか社内で閾値を決めておく。
8	デスクトップ調査	対象企業、株主、自社の従業員等、経営者（過去における重要な経営者含む）、財産状況（破産等）、犯罪履歴、PEPS: Politically Exposed Persons（政治的に公職にある人たち）にあたるか等。
9	反社チェックツール等による確認	対象企業、株主、経営者（過去における重要な経営者含む）。
10	コンプライアンス違反等のアドバースメディア（ネガティブ情報）のチェック	対象企業、株主、経営者（過去における重要な経営者含む）、その他重要な個人。
11	レピュテーションリスクのチェック	対象企業、株主、経営者（過去における重要な経営者含む）、その他重要な個人。

ック項目として、対象企業（子会社や兄弟企業等の資本関係のある企業を含む）について、①登記簿謄本、②株主名簿、③事業報告書・有価証券報告書等、④財務諸表分析・資金繰り、⑤主要取引銀行・取引先、⑥ホームページ、⑦信用調査会社レーティング、⑧デスクトップ調査、⑨反社チェックツール等

による確認、⑩コンプライアンス違反等のアドバースメディア（ネガティブ情報）のチェック、⑪レピュテーションリスクのチェックなどがあげられる（【図表102】参照）。これらはあくまでも一例にすぎず、企業の目的や事業内容によってはさらに異なる情報を入手して取引開始時の可否判断を実施する必要がある場合もある。

　このように取引停止の検討を開始するにあたって、サプライチェーンにおける同様の（量・質ともに）水準の競合他社を選定し、新規取引のオンボーディングプロセスによる取引開始可否の判定を並行して実施しておくべきである。このように別企業へ転注を検討する際は、特に地政学的リスク等、対象企業に関係する想定できるリスクを可能な限り分散できるよう考慮するべきである。

　　(4)　継続教育・研修の実施（日本における人権コンプライアンスの認識）

　現在議論の中心となっているいわゆる「ビジネスと人権」における、人権という概念について、日本人は深く理解できていない可能性がある。これは日本の過去の歴史において、人権の概念が西欧列国における情勢の経緯と異なる点があり、これが日本人の人権に対する理解にズレが生じており、日本の社会には人権が侵害されているという認識が非常に薄いのである。欧米式の人権の概念では、人は生まれながらにして与えられている固有の権利であり、個人が他者に対して主張するべきものである点に対して、日本人の人権は国や団体等の組織の中で他の所属メンバーと同様の扱いを受け「平等」に扱われている状態が、人権が遵守されている状態と理解しているケースが多い。

　たとえ程度の差はあれ、客観的にみて不当な扱いを受けていたとしても同じ組織のメンバーである他者と同じ扱いを受けている場合、人権を侵害されていると感じにくいということであろう。組織に所属しているメンバーの中で特定の者が他者より優遇された扱いを受けているものに対して強い執念を燃やすのである。

　本書は人権がどのように醸成されてきたか日本の歴史等について深く解説する場ではないため、ここでは一般的に日本人における人権への認識にズレが生じているという事実だけ理解していただき、このズレを補正する作業が、「ビジネスと人権」における人権リスク評価や是正において必要とされるという点を中心に述べていきたい。

　日系企業にこそ人権リスクの評価をするにあたり、一番初めに必要な手続としてはこの人権に関する認識合わせであるといえる。多くの企業経営者や従業員と対話を行い、インタビューを実施してきたが、多くの場合において経営層が人権デュー・ディリジェンスやリスク評価に人員を投入し、予算をつけて企業として進めていく場合において、経営層に対して人権デュー・ディリジェンスやリスク評価を実施する意義や経営者の責任について説明し説得してほしいというご依頼を受けるケースが多い。これは経営層において、いまだに「ビジネスと人権」は企業および経営者の責任である点が理解されていないことの表れであろう。

　是正アクションにおいて経営層に対する経営責任と人権の遵守、従業員に対する継続的な教育は必要不可欠であり重要な要素といえる。

　デロイト人権サーベイ2023では、50％を超える企業が所属組織において何らかの形や頻度で人権に関する教育・研修の実施をしていることが明らかとなった（【図表103】参照）。また、「自社の人権への取組みが十分である」と回答している企業の7割において何らかの定期的な教育を実施している（【図表104】参照）。「ビジネスと人権」に対する取組みがしっかりとできているという評価を受けている企業のほとんどにおいて継続的な教育を実施しているため、ここからも教育の重要性を理解できる。

　「業績を重要視する企業」は全体の27％であり、「人権を重要視する企業」は42％となっている。日系企業において3割程度の企業においては業績が優先される傾向があり、「業績向上と人権が同じ価値である」と回答した企業を含めると51％となる。このような企業における組織風土や価値観、経営者のトーン等がこの結果に大きく影響しているものと考えられる（【図表105】

【図表103】 所属組織における人権に関する研修の有無（再掲・【図表54】）

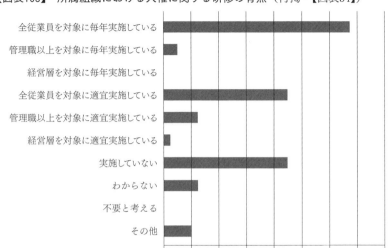

【図表104】 所属組織で人権リスクに取り組む姿勢は十分か（再掲・【図表48】）

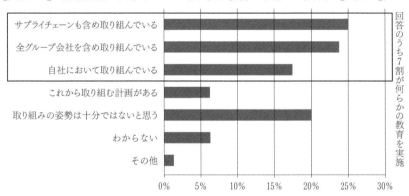

参照）。人権の重要性について経営層から教育を実施し、その重要性について再認識を促すことが必要である。

　人権に関する教育について、人権の種類ごとに理解が不足している部分としては性的搾取、結社の自由の侵害、人事評価等の差別、サプライヤーからの（サプライヤーに関する）人権侵害等があげられる（【図表106】参照）。人権

【図表105】　所属組織内において業績向上と人権どちらが重視されるか
　　　　　　　（再掲・【図表37】）

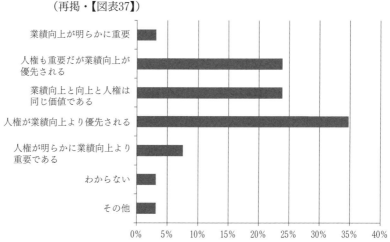

教育においてはこのような領域の人権侵害について事例等をあげて教育を実施することを推奨する。なお、企業ごとに理解の度合いが異なるため、実際は人権の理解度についてアンケート調査を実施し、自社の理解度の特徴をとらえてから教育を実施するべきである。

　日本社会で発生しているケースが多い人権侵害の事例としては圧倒的に各種ハラスメントが多い（【図表107】参照）。次に長時間労働となっており、女性・LGBTQ＋差別と続く。そのほかの人権侵害については低い水準となっている。認識が高い領域については当然ながら一般的に日本社会、日系企業において理解が進んでいる可能性が高い。しかし、事例が少ないと認識している領域については日本社会において実態が正しく理解が進んでいない可能性もあるため、自社のサプライチェーンのリスクと照らし合わせて教育に組み込むべきである。

　斜線パターンのグラフは自社のサプライヤーにおける人権リスクの認識であり、ドットパターンのグラフは自分が理解していると考えている人権の種類である（【図表108】参照）。これをみると児童労働、性的搾取、強制労働、

【図表106】　人権侵害の種類としてよく理解しているものはどれか
　　　　　　　（再掲・【図表38】）

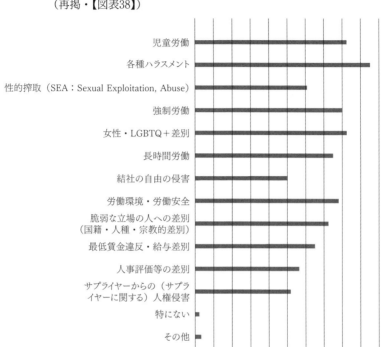

結社の自由の侵害、脆弱な立場の人への差別、最低賃金違反、給与差別にお
いて、サプライヤーのリスクが自社のリスクを上回っていることがわかる。
各種ハラスメント、人事評価等の差別においては、自社のほうがサプライヤ
ーのリスクを上回っている。また、特徴的だったのは、性的搾取と結社の自
由の侵害が他の人権侵害に比べて明らかにリスクの認識が低い点である。こ
れらに対しては自社において、実態とギャップがないかにつき、再度現状把
握を行い、その結果を教育に反映するべきである。
　人権リスクに取り組む姿勢に関して、全体の66％の企業が「何らかの取組
みを実施している」と回答しており、「取組みを実施している」と回答した
企業のうち、75％の企業では「人権に関する教育を実施している」と回答し

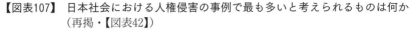

【図表107】　日本社会における人権侵害の事例で最も多いと考えられるものは何か
（再掲・【図表42】）

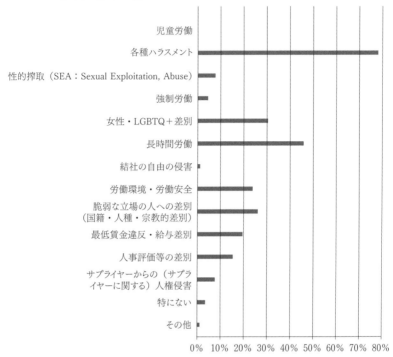

ている（【図表109】参照）。このことからもわかるとおり、教育の実施は人権
に対する取組みにおいて非常に重要な位置を占めているようだ。人権デュ
ー・ディリジェンスの実施を行った後、人権コンプライアンス体制の強化、
人権方針の策定、サプライチェーンへの影響力の行使と並行して、教育・研
修の実施は必須項目といえる。

　　(5)　苦情処理メカニズム（グリーバンス・メカニズム）を備えた救済窓
　　　　口への見直し

　指導原則（2011年）において企業の責任として備えるべきものの一つに苦
情処理メカニズム（グリーバンス・メカニズム）を備えた救済窓口への見直し
というものがある。

【図表108】 所属組織の取引先における人権リスクは何があるか（再掲・【図表41】）

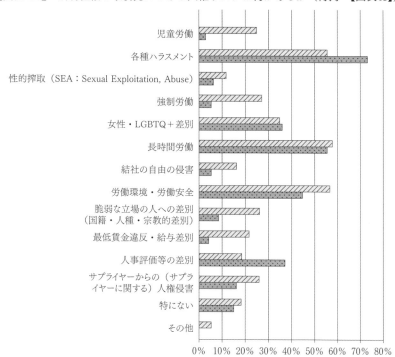

【図表109】 所属組織で人権リスクに取り組む姿勢は十分か（再掲・【図表48】）

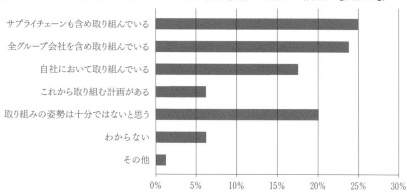

　まずは、グリーバンス・メカニズムではどのようなことを行っているのか
をみていきたい。グリーバンス・メカニズムとは、従業員やサプライチェー
ンに関連するステークホルダーを、企業による人権侵害やそのリスクから救
済するためのしくみのことを指すが、これには、①正当性がある、②アクセ
ス可能である、③予測可能である、④公平である、⑤透明性がある、⑥権利
に適合するものである、⑦継続的学習の源となる、⑧エンゲージメントおよ
び対話に基づくといった条件を備えたものであるべきだということが、指導
原則（2011年）に記載されている（本章IV参照）。

　ただし、企業の現状を鑑みると、2022年に行われた公益通報者保護法の改
正では、事業者に対する内部公益通報対応体制の整備が義務づけられ、あわ
せて公益通報対応業務従事者を指定することが義務づけられた。これにより、
従来から内部通報のしくみが整備されてこなかった企業においては、内部通
報制度の整備が急務として、昨今整備が行われている。このため、この一般
に整備をしている内部通報制度と今回の苦情処理メカニズム（グリーバン
ス・メカニズム）を備えた人権救済のしくみが併設されることに対して、企
業側の考え方が整理されていないケースが企業との会話の中で聞こえてきて
いる。

　最も重要な問題は所管部門についてである。内部通報制度については法務
対応ということで法務・コンプライアンス部門において対応しているケース
が多く、しくみの運用についても法務・コンプライアンス部門が所管してい
るケースが多いようだ。また、人権については人権業務を所管する部門で運
用することを検討している企業も多い（仮にここでは人権業務部門と呼称する）。

　従来の内部通報制度の運用では実際に通報があった際、その内容を発生し
ている問題別に仕分けし、適切な対応を図るため、関与するべき部門との連
携しつつ通報者への対応を進めるといった運用となっている場合が多いよう
だ。従来の通報窓口での対応内容としては各種ハラスメント（パワーハラス
メント・セクシュアルハラスメント・マタニティーハラスメント・育児ハラスメ
ント・介護ハラスメント等）と、不正（横領・会計不正）、カルテル（独占禁止

法違反）、労務関連（下請法関連、残業の強要・休暇却下・その他労働関連等）のコンプライアンス違反に関するものが多いが、人権侵害に関する通報が一部重複している場合がある。

　従来からある法務・コンプライアンス部門に人権関連の通報がきた場合、法務・コンプライアンス部門から人権業務部門への情報連携を行うのか、また逆に、人権業務部門（人権に関する新しいグリーバンス・メカニズムを備えたしくみ）に人権に関連のない通報がきた場合、人権業務部門から法務・コンプライアンス部門へ情報を連携することになるのか、このように二つの異なる所管の制度に双方にオーバーラップするような情報がきた場合の運用については、混乱を来す可能性があるため、新規に制度の設置を行う場合はその目的、通報内容の整理、所管部門の考え方、通報情報の取扱いなどについて十分に検討する必要がある。

　デロイト人権サーベイ2023の結果によると、61％の企業が人権侵害に対する救済窓口としては、「一般の内部通報制度と同じ窓口で運用している」との回答であった（【図表110】参照）。「人権に特化した専門の窓口を設置している企業」は19％にとどまっているようだ。企業の運用が混乱しないためには、このような従来のしくみを活用するという方法は有効かもしれないが、留意すべきこととしては、従来から利用している内部通報制度自体がグリーバンス・メカニズムを備えているのかという問題である。もし、従来のしくみを活用するという判断に至る場合は必ずこの点を確認することを推奨する。また、このグリーバンス・メカニズムを備えているか否かについてはやはり専門家の助言を得ること、客観的に評価を行い、仮に不足している点がある場合は現状のしくみを強化したり、別のしくみに置き換えたりすることも検討するべきである。

6　モニタリング・継続監視

(1)　是正実行状況の確認・情報開示

　人権リスクの把握は一度実施して終了というわけではなく、継続的に状況を把握し、是正を検討していく必要がある。人権デュー・ディリジェンス、

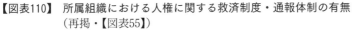

【図表110】　所属組織における人権に関する救済制度・通報体制の有無
　　　　　　　（再掲・【図表55】）

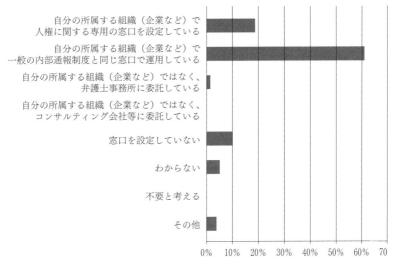

【図表111】　是正実行に関するプロセス

　リスク評価をとおして把握された人権への負の影響と、これに対する是正アクションについては、いわゆるプロジェクト管理的な手法で進めていくべきである（【図表111】参照）。

　プロジェクト管理的な手法では、まず是正管理表を準備し、是正に関する責任者（オーナー）を明確に記載し、「是正前の現状」「問題点」「原因」と「是正の目的」「是正後の姿」を明確にして、オーナーと納得するまでコミュニケーションを実施する。この納得するまでコミュニケーションを行う点が非常に重要である。是正の実行にはこの影響力を行使するコミュニケーションがカギとなる。法規制、指導原則（2011年）、日本政府のガイドライン、

企業の人権方針、業務分掌・責任、内部統制、基本取引契約書等、さまざまな影響力を与えるツールはあるものの、人権に対する取組みは中長期のスパンで検討するべき課題となるケースも多く、オーナーが納得しない限り（自発的な活動に結びつかない限り）、実際の是正の効果が期待できない。また、想定する締切りをオーナーに個別に承諾を求めることも必要である。

(2)　モニタリング体制の構築

継続的なモニタリング活動では、どのような体制が求められるのかについて検討し、体制の強化を実施していく必要がある（【図表112】参照）。人権コンプライアンス体制の強化（前記5⑴参照）とともに、定期的に人権リスクを確認していく手続が必要となる。この状況確認においては既存のしくみや手続に組み込んで実施すると効率的に実施できる。

①　内部監査部門の内部監査手続に組み込んで実施する場合

②　業務監査等内部監査以外の手続に組み込んで実施する場合

③　人権に関するサーベイという形式で確認する場合

④　人権リスクのオンサイトによる調査を継続的に実施する場合

この点について、特にリスクの高いサプライチェーン上のサプライヤーについてはこの手法を用いて、契約書等によって統制を利かすことのできる一次サプライヤーについては、契約書内にて監査等を行うことに合意を得ることができるよう、条項を含め、二次以降のサプライヤーは、一次サプライヤーを通じて必要に応じ、情報提供や監査が実施できるしくみをつくることを推奨する。こうしたしくみを構築することは、ビジネス上の関係性で困難であるケースも多いため、コミュニケーションをとり、交渉することがポイントとなる（後記⑶参照）。

【図表112】　モニタリング体制構築に関するプロセス

(3)　オンサイトによる人権リスク継続調査

　サプライチェーンにおけるオンサイト調査については、対象範囲が広範囲にわたるため、リスクベースなどの考え方で継続的に実施していく必要がある（【図表113】参照）。そこでは人権への影響評価、リスク評価の段階で認識された高リスク対象の取引先を中心に実施していくことになるが、実際に訪問での調査を継続的に実施するとなると、これに伴う体制、つまり人員の確保も必要となる。

　ここでは、モニタリング体制の構築と同様に、人権の所管部門（人事・総務、法務・コンプライアンス、ESG・サステナビリティ部門等）のみで対応することは、リソースという面で非常に困難であるため、既存の類似する枠組みと手続に確認するべき項目を含め、実施することが現実的であり（前記(2)参照）、内部監査部門がオンサイトによる人権リスク調査を行う目的とスキルや経験において、最も理想的な体制を保有していると思料している。この点、会社によって事情は異なるため一概に内部監査部門で実施する「べき」とまでは述べることはしないが、内部監査の手続で、事業のコンプライアンス状況における課題点の抽出と指摘は、本来業務に含まれていると思料する。人権にかかわる知識やチェックすべきポイントをまとめたチェックリストの作成、高リスク先の評価と選定、関連資料の作成、監査人への教育等は人権を所管している部門が当然ながら担当し、現地訪問での調査部分を内部監査部門に担当してもらい、調査の結果を受領し分析は再び人権所管部門が行うといったように、各部門が連携する形での実施であれば無理がないだろう。

　なお、対象先はリスクベースアプローチで選定することになるが、その際の抽出の軸については、サプライチェーンが広範囲である企業の場合はリス

【図表113】　オンサイトによる人権リスク継続調査に関するプロセス

ク調査対象の取引先を、①業界・セクター別リスク、②国・地域別リスク、③事業・製品別リスク、④企業特有のリスクの四つの象限で評価し、オンサイトによる人権リスク調査の対象先を理論的に狭めて実施していくことが現実的である。

　ここで留意していただきたい点は、「なぜその対象先に対してオンサイトによる人権リスク調査を実施したのか」という重要なステークホルダーからの質問に対して、「○○という考え方やルールに従って選択している」と明確に回答ができるように準備をしておくことである。よくあるケースとして、「経営層または事業部が『リスクが高い』と言っている」など、検討した際の検討の経緯や手続などが証憑として残っていない場合、説明に全く説得力がなくなってしまうため、明確な手続に従ってかつ手続に関する証跡を残すようにしていただくことを推奨する。

　(4)　継続教育・研修の実施

　継続的教育の対象としては経営層、従業員層、グループ会社、サプライチェーン上の取引先等であり、対象ごとに教育内容が異なるため、教育用資料をそれぞれに対して準備していく必要がある（【図表114】参照）。

　また、人権に関する法規制の状況などについても、法律の改正や新規の施行等がある場合は教育資料に含めるべき項目が増減するため、少なくとも当年度において実施する教育資料は年に一度程度はアップデートすることが必要となる。

　さらに、教育資料においては自社グループにおける人権方針や人権への取組み、対象者によっては人権デュー・ディリジェンスなどの取組みに対する協力等を依頼する内容も含めるべきである。

【図表114】　継続教育・研修の実施に関するプロセス

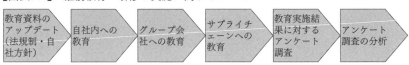

　教育を実施した際には、必ずアンケート調査により人権に対する意識レベルの確認を行うことを推奨する。教育を実施したその効果を確認しなければ、適切な教育内容や方法、または現在の自社、自社グループ会社、サプライヤー等における人権の意識水準や理解の水準が客観的に評価することができない。やりっぱなしではなく、必ず確認し、次回以降の教育・研修の方針を検討することが重要である。

7　外部への情報開示

　情報開示において最も留意すべきなのは、誰に向けた情報開示なのかという点である（【図表115】参照）。

　「ビジネスと人権」に対する取組みについては、実施状況を開示し、説明する主たる目的は、対象によって異なる。たとえば、株主等の重要なステークホルダーに対する人権リスクの現状と取組みに関する説明、顧客に対する自社の人権に対する取組みや実績の説明による取引停止リスクの回避、人権方針や購買方針等の開示によるサプライヤーに対する影響力の行使、自社グループにおける従業員等のモチベーションやエンゲージメントの向上等、さまざまな目的が想定される。

　このように人権に関する取組み状況について開示する場合は、対象先や目的を明確にすることによって、開示内容や記載方法、開示する媒体等を選択することが可能となる。とりあえず他社と平仄を合わせて開示するのではなく、対象先や目的を明確に検討することから開始するべきである。

　デロイト人権サーベイ2023によると、人権への取組み状況について、情報公開を「自社ウェブサイトで取組み内容の概要を開示している」割合が35％と最も多い。「特に開示していない」が25％となっており、開示を実施して

【図表115】　情報開示に関するプロセス

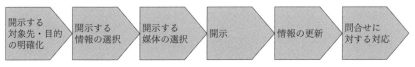

【図表116】　所属組織における人権の取組み状況の開示の有無（再掲・【図表53】）

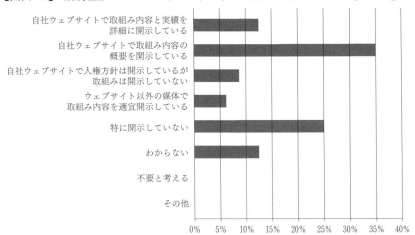

いない企業もまだ多い（【図表116】参照）。

　情報開示については情報開示の対象や目的をどのように想定するかが最も重要であり、人権に対する取組みについて、①中長期的な人権に対する計画・ロードマップ（3カ年程度）、②人権方針、グローバル購買方針等のポリシー、③サプライヤーに対する人権に関する要求事項、④従業員に対する人権の取組み、⑤人権デュー・ディリジェンスなどの実施状況、⑥人権教育の実施状況などのポイントを踏まえて開示していくことを推奨する。

　取組みが途上であるものについて、早期の開示はかえってリスクがあるのではないかという意見もあるものの、取組みがみえない＝取り組んでいないという印象を与える可能性が高まっており、まずは中長期的な人権に対する取組みについて計画等を開示し、現在の足元での実施状況を説明していくということが事業経営上の経営責任としては必要である。また、少なくとも人権方針、グローバル購買方針等のポリシーの開示は必須であり、サプライチェーンに対してどのような影響力の行使を行っているのかについても開示していくことで、サプライヤーに対するメッセージを強化することが期待できる。

8　中長期ロードマップの策定と実行

　これまでに述べてきた人権遵守にかかわる方針や体制、人権に関する取組みの手続などについて、以下のとおり、ここでいったんまとめてみたい。

① 「ビジネスと人権」に関する専任部門の設置

　　たとえば、ESG・サステナビリティ部門（人事・総務、法務・コンプライアンス部門等で所管する場合も明確に責任者と担当者を選任する）等があげられる。

② 経営層・人権所管部門等に対する勉強会の開催

　　目的や意義、経営における責任等を納得するまで教育を行う。

③ 現状の把握と人権リスクアセスメントの実施

　　基礎分析、一次情報把握、一次分析、二次情報把握、二次分析を行う。

④ 高リスク対象先に対するオンサイト調査の実施

　　必要に応じて訪問を前提としたオンサイト調査に内部監査部門等類似の手続についての知見をもっている部門の協力を得ることも検討する。

⑤ リスクの認識をした後に、人権方針・グローバル購買規程の改定・策定

　　人権方針を策定済みの場合にはリスク評価の結果を受けて改定を行い、未策定の場合にはリスク評価をまず実施し、現状の実態把握をしてから人権方針を策定する。

⑥ 是正アクションの実施

　　自社、自社グループ会社、サプライチェーンへの是正を行う。

⑦ グリーバンス・メカニズムを備えた救済窓口の設置

　　既存の内部通報窓口の活用、新規の窓口設置の場合の運用について既存の通報窓口との役割や手続について整理が必要である。

⑧ 是正状況のモニタリングの実施

⑨ オンサイトによる人権リスク調査の継続的な実施

　　継続実施のための体制の構築が必要であり、オンサイトでの調査担当を内部監査部門等、既存の類似の手続をすでに担当している部門などの

協力を得る。訪問しての調査部分以外は人権所管部門において責任をもって担当する。

⑩　継続教育の実施

自社、自社グループ会社、サプライチェーンに対する継続的な影響力の行使を目的とした教育を実施していく。

本書では、このような流れで人権デュー・ディリジェンスを実施していくことを推奨しているが、このように自社が取り組んでいる内容を重要なステークホルダー等に向けて発信していく必要があり、この際に、最初に開示するべきものとしては、中長期のロードマップがあげられる。

中長期ロードマップとしては、3カ年計画で何をいつまでに実行していくのかについて、ロードマップとして策定し、関係者内で共有したうえで、進捗の管理をすることを推奨する。また、この実質的に行動管理に直結しているロードマップを外部へ開示することで、経営としてのコミットメントとなり、自社内の人権への取組みの関与者、重要なステークホルダー、一般従業員、顧客、サプライチェーン等に対して影響力を与えることになる。従業員においても企業が人権に対して真剣に取り組んでいる状況を継続的にみせ続けることにより、モチベーションやエンゲージメント等の向上が期待できるだろう。

ここで紹介するロードマップはあくまでも一例にすぎない（【図表117】参照）。各企業において体制や方針が異なるため、自社に適合したロードマップを策定し、実施していくことを推奨する。また、各年度において、企業の内部・外部の状況変化を織り込むべきであるため、年度予算編成などの翌年度について社内全体として検討するタイミングに合わせて、進捗状況を踏まえたロードマップを更新し、具体的なアクションのアップデート等を実施すべきである。

【図表117】　中長期ロードマップ（例）

	説明	202X	202X	202X	継続
①	体制構築 ビジネスと人権に関する所管部門について可能な限り選任の部門を設定する。たとえばESGサステナビリティ部門（人事・総務、法務・コンプライアンス部門等で所管する場合も明確に担当者を選任する）	所管部門決裁			
②	経営層への教育 経営層、人権所管部門等に対する勉強会を開催し目的や意義、経営における責任等を納得するまで教育を行う	所管部門決裁		継続実施	
③	人権リスクアセスメント 基礎分析、一次情報把握、二次分析 一次分析、二次情報把握、二次分析	基礎分析　一次情報把握／一次分析	二次情報把握　二次分析		
④	オンサイト人権調査 必要に応じて訪問を前提としたオンサイト人権調査に内部監査部門等類似の手続きについての知見を持っている部門の協力を得ることも検討する		オンサイト人権調査		
⑤	人権方針・グローバル購買方針策定・改定 すでに人権方針が個別の策定済の場合、人権リスクアセスメントの結果を受けて改定を行う、未策定の場合はリスクアセスメントをまず実施し現状の実態把握をしてから人権方針を策定する		人権方針・グローバル購買方針策定・改定		
⑥	是正のアクション（自社・グループ会社、サプライチェーンの是正）			是正アクション	
⑦	苦情処理メカニズム（グリーバンス・メカニズム）窓口の設置・運営 既存の内部通報窓口の活用、新規の窓口設置の場合の運用について既存の通報窓口の役割や手続について整理が必要		グリーバンス・メカニズムを備えた救済窓口の設置	継続運営	
⑧	是正状況のモニタリングの実施			是正状況のモニタリング	
⑨	オンサイト人権リスク調査を継続的に実施 継続実施のための体制の構築が必要でありオンサイトでの調査担当をすでに担当している部門などの内部監査部門等既存の類似の手続きをすでに担当している部門の協力を得る。訪問しての調査部分以外は人権所管部門において責任をもって担当する			オンサイト人権調査　継続実施	
⑩	継続教育の実施 自社・グループ会社、サプライチェーンに対する継続的な影響力の行使を目的とした教育を実施していく		継続教育の実施		

168

Ⅳ　苦情処理メカニズム（グリーバンス・メカニズム）の構築にあたっての考え方

1　概　要

　指導原則（2011年）は、三つの柱から成っている。一つ目は「人権を保護する国家の義務」（指導原則1〜10）、二つ目は「人権を尊重する企業の責任」（指導原則11〜24）、そして、三つ目が「救済へのアクセス」（指導原則25〜31）である。これまで、二つ目の柱である「人権を尊重する企業の責任」を中心にみてきたが、三つ目の柱である「救済へのアクセス」との関係でも企業が対応しなければならない事柄がある。以下においては、まず、指導原則（2011年）における「救済へのアクセス」の内容を整理したうえで、その中核である苦情処理メカニズム（グリーバンス・メカニズム）の構築にあたっての考え方について説明する。

2　指導原則（2011年）における「救済へのアクセス」

　指導原則（2011年）は、「Ⅲ　救済へのアクセス」の項において、まず、「基盤となる原則」として、「ビジネスに関連した人権侵害から保護する義務として、国家は、その領域及び／または管轄内において侵害が生じた場合に、司法、行政、立法またはその他のしかるべき手段を通じて、影響を受ける人々が実効的な救済にアクセスできるように、適切な措置を取らなければならない」（指導原則25）[45]という原則を示している。

　そのうえで、指導原則（2011年）は、具体的なメカニズムとして、①国家基盤型の司法的メカニズム、②国家基盤型の非司法的苦情処理メカニズム、③非国家基盤型の苦情処理メカニズムをあげており、それぞれについて次のとおり述べている（【図表118】参照）。

45　指導原則（2011年）の訳文はいずれも国際連合広報センター〈https://www.unic.or.jp/texts_audiovisual/resolutions_reports/hr_council/ga_regular_session/3404/〉に掲載されたものを引用している。

【図表118】　指導原則（2011年）における「救済へのアクセス」

①国家基盤型の司法的メカニズム	指導原則26 国家は、企業活動に関連した人権侵害に対処する際に、国内の司法メカニズムの実効性を確保するため、救済へのアクセス拒否になるような法的、実際的及びその他これに関連するような障壁を減らすための方策を考えるなど、しかるべき手段をとるべきである。
②国家基盤型の非司法的苦情処理メカニズム	指導原則27 国家は、ビジネスに関連した人権侵害を救済するための包括的な国家制度の一部として、司法的メカニズムと並行して、実効的で適切な非司法的苦情処理メカニズムを設けるべきである。
③非国家基盤型の苦情処理メカニズム	指導原則28 国家は、ビジネスに関連した人権侵害を取り扱う、実効的な非国家基盤型苦情処理メカニズムへのアクセスを促進する方法を考慮すべきである。 指導原則29 苦情への対処が早期になされ、直接救済を可能とするように、企業は、負の影響を受けた個人及び地域社会のために、実効的な事業レベルの苦情処理メカニズムを確立し、またはこれに参加すべきである。 指導原則30 産業団体、マルチステークホルダー、及びその他が関わる協働型の取組みで人権に関連する基準の尊重を基礎にするものは、実効的な苦情処理メカニズムを備えているべきである。

　このうち、①の国家基盤型の司法的メカニズムは、裁判所による訴訟制度がその典型である。そして、この国家基盤型の司法的メカニズムを補完するメカニズムとして、②国家基盤型の非司法的苦情処理メカニズム、つまり、司法ではない、立法や行政などによる苦情処理メカニズムがあげられている。指導原則26および27は、これらの国家基盤型のメカニズムについて規定するものであるのに対し、指導原則28は、③非国家基盤型の苦情処理メカニズムについて、国家が当該メカニズムへのアクセスを促進する方法を考慮すべきと規定している。指導原則28は、国家基盤型ではない苦情処理メカニズムに

ついての国家のかかわり方について言及しているが、国家基盤型ではない苦情処理メカニズムの確立等については、指導原則29および30が規定している。すなわち、企業は、実効的な事業レベルの苦情処理メカニズムを確立し、またはこれに参加すべきとされており（指導原則29）、産業団体等は、実効的な苦情処理メカニズムを備えているべきであるとされている（指導原則30）。

　このように、指導原則（2011年）において、非国家基盤型の苦情処理メカニズムについては、企業や産業団体等が、実効的な苦情処理メカニズムを確立し、備えるべきであり、国家は、当該メカニズムへのアクセスを促進する方法を考慮すべきと規定されている。

3　苦情処理メカニズム（グリーバンス・メカニズム）の実効性確保の要件

　前記2において整理したとおり、指導原則（2011年）は、企業や産業団体等において実効的な苦情処理メカニズムを確立し、備えるべきとしているところ、苦情処理メカニズムの実効性を確保するには、以下の第1から第8の要件を満たすべきであるとしている（【図表119】参照）。

【図表119】　苦情処理メカニズム（グリーバンス・メカニズム）の実効性

1	正当性がある	利用者であるステークホルダー・グループから信頼され、苦情プロセスの公正な遂行に対して責任を負う。
2	アクセスすることができる	利用者であるステークホルダー・グループすべてに認知されており、アクセスする際に特別の障壁に直面する人々に対し適切な支援を提供する。
3	予測可能である	各段階に目安となる所要期間を示した、明確で周知の手続が設けられ、利用可能なプロセスおよび結果のタイプについて明確に説明され、履行を監視する手段がある。
4	公平である	被害を受けた当事者が、公平で、情報に通じ、互いに相手に対する敬意を保持できる条件の下で苦情処理プロセスに参加するために必要な情報源、助言および専門知識への正当なアクセスができるようにする。
5	透明性がある	苦情当事者にその進捗情報を継続的に知らせ、またその実効性について信頼を築き、危機にさらされている公共

		の利益を守るために、メカニズムのパフォーマンスについて十分な情報を提供する。
6	権利に矛盾しない	結果および救済が、国際的に認められた人権に適合していることを確保する。
7	継続的学習の源となる	メカニズムを改善し、今後の苦情や被害を防止するための教訓を明確にするために使える手段を活用する。
8	エンゲージメントおよび対話に基づく	利用者となるステークホルダー・グループとメカニズムの設計やパフォーマンスについて協議し、苦情に対処し解決する手段として対話に焦点を当てる。

(1)　第1要件：正当性がある

　第1の要件である「正当性がある」について、指導原則（2011年）の解説は、「苦情処理プロセスの当事者がメカニズムの公正な遂行に干渉できないように責任の所在を明らかにすることは、一般的にいって、ステークホルダーの信頼を築きあげるための一つの重要な要素である」と述べている。苦情処理メカニズムの利用者は、当該企業の従業員等に限られず、より広い「ステークホルダー」であるところ、「ステークホルダー」に信頼されるためには、メカニズムが正当なものであることが必要であり、メカニズムの責任の所在を明確にすることが、メカニズムにおいて実施される手続やその結果に対する正当性を基礎づけることになるものといえる。

(2)　第2要件：アクセスすることができる

　苦情処理メカニズムを形式的に設けたとしても、利用者がアクセスすることができないメカニズム、利用しにくいメカニズムであっては意味がない。そのため、苦情処理メカニズムの実効性を確保するには、利用者であるステークホルダーがアクセスできることが必要である。

　ステークホルダーによるアクセスの障壁になり得るものとして、メカニズムそれ自体やその使い方が認知されていないことや、費用・所在地の問題などがありうるとともに、心理的なハードルとして報復のおそれもあり得る。申告内容の秘密保持の徹底はもちろんのこと、匿名での申告を認めるととも

に、申告内容は必要最小限の者しか共有せず、申告者が報復的な被害を受けないよう最大限の配慮をする必要がある。

　また、言語の問題も利用の障壁となり得る。利用者となるステークホルダーに日本語以外の言語を用いる者がいることが想定される場合には、当該言語や英語など、日本語以外の言語の利用者が利用しやすいメカニズムを構築することが必要である。

　⑶　第3要件：予測可能である

　苦情処理メカニズムが活用されるためには、利用者において、当該メカニズムを利用した場合に、どのような手続が行われ、いつごろに最終的な結論が得られるのか、ある程度予測可能であることが求められる。そのため、苦情処理メカニズムの具体的な手続の流れを広く情報公開するとともに、（もちろんある程度の柔軟性は許容しつつも）実際に公開した手続の流れに沿った形で運用されることが必要である。

　⑷　第4要件：公平である

　たとえば、個人のステークホルダーと企業の間で紛争が生じた場合、個人のステークホルダーと企業とでは、情報や当該紛争に割くことができるリソース（経済的・人的・時間的リソース）に大きな格差があり、公平でないと感じられる場合があり得る。そのような不公平感を是正できないと、全体として、被害者において利用可能でない制度（利用しても望んだ結果を得ることは非常に困難な制度）という印象が強くなり、制度の実効性を確保することができなくなってしまう。こうした事態を避けるために、申告者が必要な情報や専門家等にアクセスしやすいしくみとすることが求められる。

　⑸　第5要件：透明性がある

　苦情処理メカニズムの正当性を確保する観点から、透明性があることが不可欠である。手続がブラックボックスの中で進められてしまうのでは、ステークホルダーは、そのような制度を利用しようとはしない。申告がなされた後、具体的に手続がどのように進んでいるのか、進捗を当事者と定期的に共有することが、利用者の信頼を得るために重要である。もっとも、当事者に

関する秘密情報が共有されないよう、留意しながら透明性を高めていく必要がある。

(6)　第6要件：権利に矛盾がない

　ここでいう「権利に矛盾がない」とは、国際的に認められた人権と適合する判断がなされるということである。「人権」の意味内容については、国や地域などによって異なるところがあり、必ずしもその外延が一致しているわけではないが、苦情処理メカニズムを通じて得られる結果や判断は、国際的に認められた人権と矛盾しないものであることが必要である。このことが担保されるよう、苦情処理メカニズムにかかわる者は、人権に関する国際的な考え方を学び続けることが求められる。

(7)　第7要件：継続的学習の源となる

　第7要件の「継続的学習の源となる」とは、苦情処理メカニズムを通じて寄せられた苦情等の内容や頻度を分析して、利用者により信頼されるメカニズムへと改善していくことを意味するものである。苦情処理メカニズムは設置して、運用するだけではなく、日々の運用を通じて、課題や改善すべき点を見出し、より良いしくみを構築していくことが求められる。

(8)　第8要件：エンゲージメントおよび対話に基づく

　第8要件は、事業レベルの苦情処理メカニズムに特化したものであるとされているところ、「エンゲージメントおよび対話に基づく」とは、要するに、利用者であるステークホルダーと対話や協議を行い、ステークホルダーをエンゲージする（巻き込む）形で、苦情処理メカニズムを構築していくということである。企業が、一方的にメカニズムを構築して、それをステークホルダーに利用させる場合よりも、企業がステークホルダーと対話・協議し、ステークホルダーの意見も取り入れながらメカニズムを構築・改良していくほうが、ステークホルダーからの信頼もより高まり、一層正当性の高いメカニズムになるものといえる。

4　小　括

　以上のとおり、苦情処理メカニズムの実効性を確保するには、上記の八つ

の要件を満たすべきであるとされている。苦情処理メカニズム（グリーバンス・メカニズム）の構築にあたっては、これらの要件を充足する実効性の高いメカニズムを構築することが求められる。

Ⅴ　M&A における人権デュー・ディリジェンスの実務

1　M&A における人権デュー・ディリジェンスの重要性

ここまでは、人権デュー・ディリジェンスについて、指導原則（2011年）や経済産業省ガイドラインを参照しながら、自社や自社グループだけではなく、企業とビジネス上の関係性をもつすべての会社（サプライチェーン、間接仕入先、投資先、販売先等）、労働組合、労働者代表、人権の外部専門家、NGO や国際機関を含めた多くのステークホルダーに対して実施する平時の人権デュー・ディリジェンスの実務を詳細に説明してきた。

ここでは、平時における人権デュー・ディリジェンスのみならず、昨今必要性が高まっている M&A における人権デュー・ディリジェンスについて触れておきたい。

これまで、M&A において人権デュー・ディリジェンスを行う実務は、財務デュー・ディリジェンス、税務デュー・ディリジェンス、ビジネスデュー・ディリジェンス、法務デュー・ディリジェンス、人事デュー・ディリジェンス等のように一般的に広がってはいなかったが、今般その状況が変わりつつある。M&A において人権リスクを検証すべき必要性が高まっている理由は四つある。

(1)　通常の企業活動に関して人権デュー・ディリジェンスを行う必要性の高まり

指導原則（2011年）によると、人権リスクは合併や買収を通じて継承される可能性があることを考慮すると、新たな事業関係を構築する際に人権デュー・ディリジェンスをできるだけ早く実施すべきと明記されている（指導原則17）。このように、指導原則（2011年）の規範によると、M&A に際して、買手として有している影響力を行使して、人権リスクの軽減や負の影響を是

正する企業の責任と、売手として事業譲渡や株式譲渡の際に買手サイドが人権リスクを助長しないように適切な手続を尽くす責任が生じるということになる。

　(2)　有価証券報告書におけるサステナビリティに関する取組みについての情報開示のニーズの高まり

　M&A でも人権リスクに代表される ESG が注目を浴びており、2023年 3 月期以降、有価証券報告書におけるサステナビリティに関する取組みについて情報開示のニーズが高まったことから、M&A における人権デュー・ディリジェンスの重要性が一層高まっていることがあげられる。

　(3)　人権リスクを企業価値判断の重要な要素とする機関投資家によるニーズの高まり

　機関投資家が、企業の人権尊重の取組み状況を開示情報やエンゲージメントを通じて確認しているためである。人権リスクは、企業の財務リスクやコンプライアンスリスク等と同様に、事業価値や企業価値に関連するリスクとなっており、M&A 上も、人権リスクが重要な偶発債務と識別されたり、将来の収益性に影響したりする可能性があることから、M&A のデュー・ディリジェンスの中で、人権リスクについて検証する必要性が高まっている。

　(4)　企業のあらゆる人権リスクについてカバーすることが可能であること

　現状行われている M&A に起こる法務デュー・ディリジェンスや人事デュー・ディリジェンスでは、ローカル法に基づく法務と人事一部要素をカバーしているが、国際的な人権法や労働法の観点に焦点が当てられておらず、国内法のコンプライアンス遵守の観点から検証されているにとどまっていた。人権デュー・ディリジェンスは、指導原則（2011年）の人権尊重への要件を満たすために、人事デュー・ディリジェンスなどがカバーしきれない領域も含め、企業のあらゆる人権リスクをカバーすることができるため、指導原則（2011年）を考慮することでより広範な検証が可能となる。

2　M&A における人権デュー・ディリジェンスの留意点

　M&A における人権デュー・ディリジェンスの留意点を紹介するにあたって、ここであらためて、人権デュー・ディリジェンスの定義を確認しておきたい。人権デュー・ディリジェンスとは、「企業が、自社・グループ会社及びサプライヤー等における人権への負の影響を特定し、防止・軽減し、取組の実効性を評価し、どのように対処したかについて説明・情報開示していくために実施する一連の行為」を指し、「人権デュー・ディリジェンスは、その性質上、人権侵害が存在しないという結果を担保するものではなく、ステークホルダーとの対話を重ねながら、人権への負の影響を防止・軽減するための継続的なプロセス」を意味する。

　このことから、人権デュー・ディリジェンスは、ある特定の時期に一度行って終わるものではなく、継続的なプロセスであり、非常に時間を要する取組みであるといえる。一方、M&A におけるデュー・ディリジェンスは、M&A 取引前の特定の時点における対象会社のリスクを調査するものであるが、そもそも人権デュー・ディリジェンスにおいては、事業の性質は対象会社の事業と人権リスクとのかかわり方が時とともに異なってくるため、人権リスクの内容は時とともに変わりうるものである。

　また、人権には非常の多くの課題が含まれており、川上から川下のあらゆる企業活動において人権リスクが問題になるため、人権デュー・ディリジェンスの取組みは、特定の部署と会社の活動のみに紐づくものではなく、グループ会社を含む全社横断的に対応していかなければならないものである。

　以上のように、人権デュー・ディリジェンスと M&A におけるデュー・ディリジェンスには性質の違う特徴があることから、M&A における人権デュー・ディリジェンスは、平時の人権デュー・ディリジェンスとしての調査を、M&A の局面で限られた期間と守秘義務等の制限の中で、対象会社に対してスポット的に先行して効率的に行うものとなる。

3　M&A における人権デュー・ディリジェンスの実施プロセス

　M&A における人権デュー・ディリジェンスはスポット的な人権デュー・

ディリジェンスと位置づけられ、実施期間も短く、通常の人権デュー・ディリジェンスとは性質的に異なるため、優先順位の高いものから着手し、効率良く実施する必要がある。M&A における人権デュー・ディリジェンスのプロセスには四つのステップがある（【図表120】参照）。

　(1)　ステップ1：対象会社と人権リスクとのかかわりのマッピング

　具体的には、まず、対象会社の業界、ビジネス特性、商流、サプライチェーン等を把握し、人権への負の影響が生じる可能性が高く、リスクが重大である領域を特定する。そして、人権の負の影響の深刻度と蓋然性（発生可能性）に応じて人権リスクの優先順位をつける。

　(2)　ステップ2：人権リスクの調査の実施

　M&A のデュー・ディリジェンスにおける質問数および実施期間の制限があり、また守秘義務によりすべてのステークホルダーにアクセスすることができないため、デスクトップ調査による情報収集、ステークホルダーへのアンケート調査、インタビューによる事実関係の確認を中心に人権リスクを調査する必要がある。そして、調査をする際には、ターゲット会社の「人権に関する企業戦略とコミットメント」および「人権リスクのガバナンス体制」に重点をおいて検証する必要がある。

　人権に関する企業戦略とコミットメントをチェックする際のチェックポイントとしては、たとえば、以下のようなポイントがある。

　①　企業が人権尊重責任を果たすというコミットメントが含まれている人
　　　権方針が存在するか

　②　存在する場合、自社が影響を与える可能性のある人権は網羅的に記載
　　　されているか

　③　社内書類（行動指針、調達指針、取引先との契約書等）に人権方針が反
　　　映されているか

　④　人権方針や人権方針を反映した社内書類等が取締役会等の重要会議で
　　　承認を受けたか

　⑤　人権方針の社内周知は実施されたか

【図表120】 M&Aにおける人権デュー・ディリジェンスの実施プロセス

対象会社と人権リスクとのかかわりのマッピング	デスクトップ調査・アンケート調査・インタビューによる調査	契約交渉での検討	PMIでの対応
・対象会社の業界、ビジネスモデル、商流、バリューチェーン等を把握し、人権への負の影響が生じる可能性が高く、リスクが重大である領域を特定する ・人権の負の影響の深刻度と蓋然性（発生可能性）に応じて人権リスクの優先順位を付ける	・M&Aのデュー・ディリジェンスにおける質問数および実施期間についての制限があり、また守秘義務によりすべてのステークホルダーにアクセスすることができないため、デスクトップ調査による情報収集を、ステークホルダーへのアンケート調査・インタビューによる事実関係の確認と組み合わせて、ピンポイントで人権リスクを調査する必要がある	・表明保証：人権リスク存在しないという表明保証は不十分 ・誓約条項： 　・クロージング前に、人権リスクの是正措置を実施する義務 　・クロージング後、人権リスクの是正措置を義務付ける 　・クロージング後発生した人権リスクの是正措置に関する費用を賠償させる権利を付ける ・重要性：企業の重要性ではなく、人権に与える影響の観点からの重要性に対するリスクを指している ・損害賠償：法的な損害賠償、ソフトローの違反の際の損害賠償、企業のレピュテーションリスクによる損害賠償	・クロージング後、優先順位の高い人権リスクを対応し、平時の人権デュー・ディリジェンス体制も整備していく ・買収後、早期に対象会社に対して、人権尊重の重要性、人権デュー・ディリジェンスの実施方法を教育し、理解を得る

179

⑥　人権方針は会社の実態に合わせて定期的に改定されているか

また、人権リスクのガバナンス体制をチェックする際のチェックポイントとして、たとえば、以下のようなポイントがある。

①　人権リスクのガバナンス体制

②　人権を担当する役員が任命されているか

③　人権尊重の取組みや人権インシデントは定期的にモニタリングしているか

④　取締役会において人権に関する発議の機会があるか

⑤　人権尊重の取組みを妨げるものがあるか

M&A における人権デュー・ディリジェンスに際しては、人権に関する企業戦略とコミットメントのチェックポイントを参照して、デスクトップ調査・アンケート調査・インタビューによる調査においてピンポイントで人権リスクを調査する。

(3)　ステップ 3 ：契約交渉における人権尊重に関する内容の検討

M&A のデュー・ディリジェンスが進み、株式譲渡、会社分割、事業譲渡などの手法による契約交渉の段階になると、人権デュー・ディリジェンスの結果を契約へ反映することが論点となる。

典型的な論点である表明保証についてであるが、人権リスクが存在しない企業はないため、表明保証では実態に合致していない。人権リスクは自社が引き起こすもの以外に、取引先によって助長される場合もあるため、対象会社に関する人権リスクについての事項だけを表明保証させても人権リスクを完全に防ぐことができない。さらに、人権リスクが存在しないと表明保証をさせても、契約締結後の人権尊重のための取組みは保証できない。

表明保証の代わりに、人権に関する誓約条項を契約に追加することを検討する。たとえば、ディールクロージング前に人権リスクの是正措置を実施する義務、クロージング後の人権リスクの是正措置を義務づける、さらにクロージング後に発生した人権リスクの是正措置に関する費用を賠償させる特別補償の規定を設ける等を検討する。

180

　ここでリスクの発生可能性が高い場合は、リスクによって生じる損害等を
ディール価格にあらかじめ反映されることもあるが、金額がわからない場合、
事後的な賠償を行う特別補償が有効になる。

　また、一般的な M&A では、契約上のいろいろな規定に「重要性」（マテ
リアリティ）の限定がつくことがあるが、人権に関する「重要性」は、企業
価値として企業に与える影響の観点からの重要性ではなく、人権そのものに
対する重要性を指す。この場合、人権の「重要性」は、指導原則（2011年）
の人権リスクの深刻性の規定に沿って、人権侵害の規模、範囲、および是正
可能性により判断され、「重要性」の定義の中に明確化しておくことが考え
られる。

　最後に、法的な義務違反につながる際の損害賠償、法的義務はないソフ
ト・ローの違反の際の損害賠償、人権リスクに伴う企業のレピュテーション
リスクによる損害賠償に関する条項も契約上の論点になる。

　(4)　ステップ 4：PMI での対応

　M&A のデュー・ディリジェンスの中で、人権リスクを検討し、契約への
反映を検討するが、これによりすべての人権リスクに対処できるわけではな
い。M&A における人権デュー・ディリジェンスはスポット的な人権デュ
ー・ディリジェンスと位置づけられていることから、重要な点としてクロー
ジング後、優先順位の高い人権リスクに対応し、平時の人権デュー・ディリ
ジェンス体制も整備していく必要がある。

　また、買収後、早期にターゲット会社との間のコミュニケーションをとり、
人権尊重の重要性、人権デュー・ディリジェンスの実施方法について理解し
てもらうことが重要である。これら、M&A における人権デュー・ディリジ
ェンスと PMI（Purchasing Manager's Index）における人権デュー・ディリジ
ェンスは平時における人権デュー・ディリジェンスの実施とつながっていく
点について強調させていただく。

─────── コラム　中小企業における「ビジネスと人権」への対応 ───────

　ILO（国際労働機関）などによると、一般的に世界の企業のうち90%程度はSMEs、つまり中小企業であるといわれている。また、雇用の70%に貢献し、世界のGDPの70%を支えているといわれている。このため、サプライチェーンにおける影響力も大きく、各種コンプライアンスからの要求は、いわゆるトップティア等の大企業にのみ問われるものではなく、中小企業含め、当該サプライチェーンに参画するすべてのステークホルダーに要求されるものに変化しつつある。

　直接的な法令の要求がない場合であっても、今後顧客などの重要取引先から環境や人権に関するさまざまな要求が、サプライチェーンを構成する中小企業に対して増えてくることは明らかである。このため、中小企業であっても最低限の要求事項を満たすための行動を開始するべきである。

　また、近年日本社会においても内部通報を行うモチベーションやインセンティブが上がっていたり、通報に対する心理的ハードルが低くなってきており、従来から潜在的に隠れていた人権侵害事案が可視化され始めている。このような背景から、中小企業においても人権侵害リスクについては考慮する必要がある。

　中小企業において専門の部署の設置や担当者の確保はリソース的に非常に困難であることは自明であるため、まずは人権侵害でも日本社会で頻繁に取り沙汰される各種ハラスメントに絞って中小企業においても実施ができる対策について考えてみたい。

　パワーハラスメントを防止するための法律は2020年6月1日より「労働施策総合推進法」として施行された。当時は大企業のみが義務化の対象であったが、2022年4月1日より中小企業も義務化の対象とされた。これにより2022年4月以降、中小企業においてもパワーハラスメントに対する対応が必須となっている。まだ対応できていない中小企業は速やかに対応を進めることを推奨する。

■経営者責任として早急に実施するべき項目

<table>
<tr><td rowspan="3">教育と相談</td><td>①経営者、管理職層に人権リスクの意識醸成を行う。実際に発生した過去の事案等をインターネット等から情報収集し、読み合わせ等を定期的に実施する。</td></tr>
<tr><td>②ハラスメント、あるいはこれに起因する問題に対する労働者の関心と理解を深めるための勉強会の開催や、外部セミナーへの参加を推進する。</td></tr>
<tr><td>③相談窓口（内部通報窓口等）を設定する。社内に適切な担当者がいない場合は外部の専門家等の相談窓口（顧問弁護士などに相談する）を設定する。</td></tr>
</table>

教育と相談

①経営者、管理職層に人権リスクの意識醸成を行う。実際に発生した過去の事案等をインターネット等から情報収集し、読み合わせ等を定期的に実施する。

②ハラスメント、あるいはこれに起因する問題に対する労働者の関心と理解を深めるための勉強会の開催や、外部セミナーへの参加を推進する。

③相談窓口（内部通報窓口等）を設定する。社内に適切な担当者がいない場合は外部の専門家等の相談窓口（顧問弁護士などに相談する）を設定する。

ルールの文書化

④ハラスメント行為者に対する適切で明確な懲罰について、企業としての方針やルールを就業規則や懲罰規定等を文書としてルールを明文化する。

⑤相談窓口については相談者や行為者のプライバシー厳守を明文化する。

⑥内部通報や相談を行ったことによる通報者や相談者に対して不利となるような処遇や報復ととられるような対応を厳に禁止し文書としてルールを明文化する。

調査と予防

⑦ルール、規定等は従業員に周知できるよう、見える場所に掲示等する。また定期的に社内で読み合わせを行うことを推奨する。

⑧ハラスメント等社内において従業員に関連した人権侵害事案が発生した場合は事実関係を迅速かつ正確に確認する。確認の際は被害者に十分配慮する。

⑨人権侵害事案の調査を実施した後に「再発防止策」を検討する。必要に応じて顧問弁護士等の外部専門家を利用することを推奨する。

　このような活動を通じて「ビジネスと人権」に対する意識が高まってくれば、人権の対象範囲を拡大し、指導原則（2011年）や日本政府のガイドラインで要求される、広義の人権に対する対応を検討開始していくことを推奨したい。

　あくまでもハラスメントに対する対応は始まりにすぎず、事業運営とのバランスを図りながら無理のない範囲で継続的に活動を実施していくことが重要である。

　このためにも3年〜5年といった複数年で実施する計画として、経営者が企業の責任者として自覚をもち、検討していただきたい。

第 5 章

人権リスク顕在化の際の対応
——クライシスマネジメント

*Correct Responses
When Human Rights
Risk Occurred
—— Crisis Management*

　近時、人権リスクが顕在化し企業がその対応に追われるという例が頻発している。企業内やグループ内での人権リスク顕在化にとどまらず、サプライチェーンでの人権リスクの顕在化が企業経営に大きな影響を与えるケースも多い。人権リスク顕在化の際の対応を誤りが企業の継続自体に大きな障害要因となる場合もあることから、人権リスク顕在化した際の対応は極めて重要である。

　そこで、本章では近時の報道等に表われた人権リスク顕在化の具体例を紹介するとともに、人権リスクが顕在化した場合のあるべき対応（クライシスマネジメントのあり方）について述べる。

Ⅰ　人権リスク顕在化の実例

1　実　例

⑴　タイの縫製工場において最低賃金を下回る額しか支払われなかったことに対し補償請求がなされたケース

　グローバルなサプライチェーンの上流での人権侵害（の疑い）がB to C事業を世界的に展開しているブランドに大きな影響を与えるケースが、近時増加している。

　トムソンロイターの2020年9月22日の報道によると、米国に本拠をおくコーヒーショップチェーンやマスメディア・エンターテイメント複合企業2社、英国のスーパー最大手などのグローバルブランドの製品を製造しているタイ国ターク県メーソット郡にある縫製企業で働いていたミャンマー人の労働者のグループが、2019年に職を失ったことを受け、縫製工場の経営者らに対して補償を求める訴訟を起こしていたことが報じられている[1]。

　メーソット郡はタイとミャンマーの国境に位置し、ミャンマーからの多数の移民が同地域の縫製工場で働いているが、これらの縫製工場の大多数の支

1　*Migrant factory workers in Thailand launch legal action after wages expose.* September 2020. 〈https://www.reuters.com/article/thailand-workers-pay/migrant-factory-workers-in-thailand-launch-legal-action-after-wages-expose-idUSL8N2FY2UL〉。

払賃金は、タイにおける最低賃金を下回っていることが判明している。捜査の結果、タイの労働当局は提訴された縫製工場の経営者に対して未払いの賃金を支払うように命じたが支払われなかった。

このような事態を受けて、ミャンマーからの移民労働者を支援する MAP 財団が「グローバルブランドにもサプライチェーンの労働者に対し補償する責任がある」との声明を発し、グローバルブランドの責任を追及する動きが大きくなったことから、これらのグローバルブランドの対応が注目された。

(2) 日系大手アパレル企業やそのグループ会社に対して、米国での輸入差止めがなされたほか、フランス検察当局の捜査も開始されたケース

日系大手アパレル企業は著名なブランドを有しており同ブランド名の衣料品をグローバルに販売しているが、サプライチェーンの上流に位置する製品の製造過程での人権侵害（の疑い）が、各国で問題とされた。

日本経済新聞の2021年5月19日の報道によると、米国の税関当局が、日系大手アパレル企業ブランドのシャツ輸入を差し止めていたことがわかったと報じている。米国では中央アジアの強制労働が疑われる工場で製造された衣料品などの輸入を禁止する措置をとっているが、同アパレル企業がその措置に違反したことを理由とするものであるとしている[2]。

また、日本経済新聞の2021年7月2日の報道によると、中央アジア地域での人権侵害疑惑をめぐり、フランス検察当局が人道に対する罪の隠匿の疑いで、日系大手アパレル企業のフランス子会社を含む4社への捜査を始めたと報じられている。この捜査は、人権団体などが、中央アジアの民族の強制労働によってできた綿製品を使っているなどとしてアパレル4社を告発していたことを受けたものであるが、告発した人権団体の弁護士は「（人権侵害で成り立つ）商品をフランスに輸入する企業の法的リスクと責任を明らかにするものだ」と語っている[3]。

---

2 日本経済新聞 Web 版2021年5月19日〈https://www.nikkei.com/article/DGXZQOCB199F80Z10C21A5000000/〉。

3 日本経済新聞 Web 版2021年7月2日〈https://www.nikkei.com/article/DGXZQOGR01EN40R00C21A7000000/〉。

(3)　大手タレントマネジメント事務所元社長による性加害のケース

　タイの縫製工場におけるグローバルブランド製品の製造をめぐるケース（前記⑴参照）や、日系大手アパレル企業の製品に対する強制労働疑惑のケース（前記⑵参照）は、いずれもグローバルなサプライチェーンの上流での人権リスク顕在化の例であるが、国内に限ったサプライチェーンの中でも人権リスクの顕在化が、取引停止に波及したケースがある。

　2023年4月、大手タレントマネジメント事務所に所属していたタレントが日本外国特派員協会で記者会見し、同所の創業者の元社長から、未成年であった当時に「性的被害を受けた」ことを公表した[4]。元社長の性的加害については、同年3月7日に、BBCのドキュメンタリー「Predator：The Secret Scandal of J-Pop[5]」で報道されていたが、取材をした記者は「同氏による性的加害の話はもう何十年も前から出回っているが、何の影響も及ぼしていないようだ」と述べ、日本社会の人権意識の低さを痛烈に批判していた[6]。同所所属タレントによる4月の記者会見は、このような背景のもとで行われたものと思われる。

　その後、国連人権理事会の「ビジネスと人権」作業部会の専門家が元社長の性加害を告発した当事者らからヒアリングを行い、その結果を踏まえて、2023年8月4日に日本記者クラブで記者会見をした。同作業部会の専門家は、「タレント数百人が性的搾取と虐待に巻き込まれる深く憂慮すべき疑惑が明らかになった」と指摘したうえで、被害者の救済に向けて日本政府が主体となって「透明な捜査を確保し、実効的救済を確保する必要性がある」と提言した。さらに、作業部会は声明文で、日本のエンターテインメント業界に「性的な暴力やハラスメントを不問に付す文化」があると言及し、コンプラ

4　日本経済新聞 Web 版2021年4月22日〈https://www.nikkei.com/article/DGXZQOUE12DCB0S3A410C2000000/〉。

5　BBC ドキュメンタリー「J-POP の捕食者：秘められたスキャンダル」〈https://www.youtube.com/watch? v =zaTV5D3kvqE〉。

6　BBC NEWS JAPAN「加害が明るみに……それでも崇拝され　日本ポップス界の『捕食者』」2023年3月7日〈https://www.bbc.com/japanese/features-and-analysis–64832492〉。

イアンス（法令遵守）体制を整備するために「透明な苦情処理メカニズムを
確保することが必要」と求めた[7]。

　大手タレントマネジメント事務所は、2023年9月7日に記者会見を開き、
元社長による所属タレントへの性加害を事務所として初めて認めるとともに、
現社長の引責辞任を受けて新社長に就任した同所所属俳優が謝罪し、被害者
補償に取り組むと表明した[8]。

　⑷　ブラジルの総合資源開発企業が保有する鉱山の鉱滓ダムが決壊し
　　　270人の犠牲者を出したほか、環境汚染を引き起こしたケース

　2019年1月25日、ブラジルに本拠をおく総合資源開発企業（以下、「V社」
という）が開発したブラジル南部の鉄鉱石鉱山の鉱滓ダム（鉱山での選鉱の過
程で発生する残渣等を貯留するダム）が決壊し、多数の死者・行方不明者を出
すとともに、有害物質を含む汚泥の流出により下流域に深刻な環境被害を引
き起こした[9]。V社が開発した鉱山では、2015年にもダム決壊事故が起こっ
ており多数の被害者も出ていたが、今回の事故はその規模をはるかに超えて
おり、ブラジル史上最悪のダム事故といわれている。

　今回の事故を受け、ブラジルの検察当局は、事件直後にV社社員を文書偽
造や環境犯罪、殺人容疑で逮捕し[10]、2020年1月には、V社の前CEOなど
16名を殺人罪や環境への罪で起訴した[11]。また、米国証券取引委員会（SEC）
は、2022年4月、V社の「（ESG開示などで）ダムの安全性について投資家
に虚偽かつ誤解を招く主張をした」として同社を提訴した[12・13]。

7　日本経済新聞Web版2023年8月4日〈https://www.nikkei.com/article/DGXZQOUE037DY0T
00C23A8000000/〉。
8　日本経済新聞Web版2023年9月7日〈https://www.nikkei.com/article/DGXZQOUE0590V0V
00C23A9000000/〉。
9　日本経済新聞Web版2023年2月2日〈https://www.nikkei.com/article/DGXMZO40817210R00
C19A2000000/〉。
10　日本経済新聞Web版2019年1月30日〈https://www.nikkei.com/article/DGXMZO40651860Q9
A130C1000000/〉。
11　日本経済新聞Web版2020年1月22日〈https://www.nikkei.com/article/DGXMZO54684830S0
A120C2000000/〉。

2　実例におけるサプライチェーンの反応

(1)　タイの縫製工場におけるグローバルブランド製品の製造をめぐる各社の対応

タイの縫製工場をサプライチェーンの上流とするグローバルブランドに対する補償が求められたケースであるが、各社の初期的な対応は、まちまちであった。

トムソンロイターの取材に対して、マスメディア・エンターテイメント複合企業の一社（以下、「D社」という）と英国のスーパー最大手（以下、「T社」という）は、「現地担当者や市民社会団体と協力して縫製工場の工場の労働者を支援し、解決策を探っている」と述べた。また、大手コーヒーショップチェーン（以下、「S社」という）は、「2019年12月に当該工場との取引きを打切り、『関係者とともに状況改善』に向けた方策を模索しているところだ」と述べた。これに対して、マスメディア・エンターテイメント複合企業のもう一社（以下、「U社」という）からは当初は回答が得られなかったが、その後、同社は、同社のタイのライセンシーから許可なしに製造の一部をメーソット郡の縫製工場に下請けしていたとの通知を受けたこと、これは同社の製造業者が守るべき行動規範やライセンス契約に違反すると述べるとともに、この問題を非常に真剣に受け止めており、同社の基本的価値観、「ビジネスと人権に関する指導原則：国際連合『保護、尊重及び救済』枠組実施のために」（以下、「指導原則（2011年）」という）、またはILO宣言に沿ったものではないとしたうえで、タイのライセンシーが義務を果たし影響を受けた従業員に直ちに対応するよう要求している、と回答し自らの補償責任については特に言及しなかった[14]。

D社、T社およびS社が、サプライチェーンの上流における人権侵害の被

12　日本経済新聞 Web 版2023年3月14日〈https://www.nikkei.com/article/DGXZQOUC075GW0 X00C23A3000000/〉。

13　U.S. Securities and Exchange Commission *SEC Charges Brazilian Mining Company with Misleading Investors about Safety Prior to Deadly Dam Collapse.* 2022-72.〈https://www.sec. gov/news/press-release/2022-72〉。

害者への補償責任を果たすことについて、当初から積極的な姿勢を示してい
たのに対し、U社が積極的な姿勢を示さなかったことが、その後の動きにも
大きな影響を与えた。その後、D社、T社およびS社は、2020年11月に、移
民労働者に対して直接（あるいはタイでのサプライヤー経由で）補償金を支払
うことを表明したのに対して[15]、U社はタイのライセンシーが義務を果たす
ように述べただけで補償金の支払いに積極的でなかったため、被害者である
移民労働者の団体からさらなる追及を受けることとなった[16]。その結果、
2021年2月下旬になって、同社は補償金を支払うことに同意した[17]。

　B to C のビジネスを展開している企業にとって、企業のブランドイメー
ジは極めて重要であり、ブランドイメージの劣化は売上の減少に直結する。
人権侵害によりアパレル企業のブランドイメージが劣化し不買運動にまで広
がった事案として、スポーツ用品のナイキの例がよく知られている（第1章
Ⅰ2参照）。

　1997年、ナイキ社が生産を委託していた東南アジアの工場で就労年齢に満
たない少女らを低賃金で強制的に働かせていたことが発覚した。国際NGO

14　Business&Human Rights Resource Centre *NBCUniversal's Response.* 17 November 2020.
〈https://www.business-humanrights.org/ja/%E6%9C%80%E6%96%B0%E3%83%8B%E3%
83%A5%E3%83%BC%E3%82%B9/nbcuniversals-response/〉。

15　Ibid *Thailand: Global brands compensate illegally underpaid workers in their supply chains
following exposéand civil society campaign.* 26 November 2020. 〈https://www.business-human
rights.org/ja/%E6%9C%80%E6%96%B0%E3%83%8B%E3%83%A5%E3%83%BC%E3%82%
B9/thailand-major-global-brands-commit-to-compensate-illegally-underpaid-migrant-work
ers-in-their-supply-chains-following-expos%C3%A9 and-civil-society-campaign/〉。

16　Ibid *Thailand: Clean Clothes Campaign continues to call on NBC Universal to compensate
illegally underpaid garment workers in their supply chain months after other brands pay up.* 29
January 2021. 〈https://www.business-humanrights.org/ja/%E6%9C%80%E6%96%B0%E3%
83%8B%E3%83%A5%E3%83%BC%E3%82%B9/thailand-clean-clothes-campaign-continues-
to-call-on-nbc-universal-to-compensate-illegally-underpaid-garment-workers-in-their-supply-
chain-months-after-other-brands-pay-up/〉。

17　Ibid *Thailand: Garment workers receive full compensation for unpaid wages after NBCUni-
versal joins other brands & commits to pay.* 24 February 2021. 〈https://www.business-human
rights.org/ja/%E6%9C%80%E6%96%B0%E3%83%8B%E3%83%A5%E3%83%BC%E3%82%
B9/thailand-garment-workers-receive-full-compensation-for-unpaid-wages-after-nbc-universal-
joins-other-brands-commits-to-pay/〉。

が性的暴行や少女らの尊厳を傷つける行為も一部で強要されていたと指摘したことから、世界で不買運動が起きた。ナイキ社の売上は、この事実が発覚するまでは急速に伸びていたが、不買運動を機に売上の伸びは鈍化し、その後の5年間で1兆円を超える売上機会を失ったとされている[18]。ナイキ社は、その後、労働者の最低年齢を16歳とし最大労働時間を週50時間と設定する一方で、契約工場のリストも公開したほか、第三者を交えた労働環境のモニタリングを導入するなどして、サプライチェーン全般の透明化を進めた。このような取組みの結果、ナイキ社は人権尊重の先進企業として知られるようになったが、この事件は、B to C 事業を展開するブランドにとっては極めて大きな教訓になった。

　D社、T社、S社およびU社においても、ナイキ社のケースを参考にしながら対応をとったものと推測されるが、事案の深刻さに対する認識の少しの違いが、その後の対応の差に表われたのであろう。幸い、このケースにおいてはこれら4社のブランドの製品に対する不買運動が起こったとの報道はないが、U社の対応の遅れについては今後の教訓とすべきであろう。

　(2)　米国税関当局による輸入差止めおよびフランス検察当局による捜査
　　　開始に対する対応とその後の状況

　米国税関当局による輸入差止めおよびフランス検察当局による捜査開始に対する対応とその後の状況については、公表された事実が乏しく、輸入差止めがその後どうなったのか、検察当局による捜査がその後どうなったのかは不明である。

　米国税関当局の輸入差止めについては、日系大手アパレル企業は、「弊社製品の生産過程において強制労働が確認された事実はありません」、「本件に限らず、弊社は、いかなる強制労働も容認しないという方針の下、サプライチェーンにおける人権の尊重を最優先課題として取り組んでいます。生産地域を問わず、サプライチェーンにおいては、強制労働などの人権侵害を生じ

18　日経ビジネス2018年6月7日〈https://business.nikkei.com/atcl/report/16/101700172/0605000
20/〉。

させない、しっかりとした体制の構築を行っております」と説明している
が[19]、当該輸入差止措置の帰趨については公表していない。

　また、日系大手アパレル企業は、フランス検察当局が捜査を始めたことに
対して、「強制労働がないことを再確認するため捜査には全面的に協力する」
との声明を発するとともに、声明中で「生産委託する縫製工場で同地域に立
地するものはなく、生地や糸を供給する素材工場や縫製工場でも同地区に立
地するものもない」とし、自社と第三者の監査を通じて「強制労働が確認さ
れた事実はない」としている[20]が、その後の捜査の帰趨については公表して
いない。

　日系大手アパレル企業は、世界の大手企業の SDGs 達成貢献度を評価す
る World Benchmark Alliance（WBA）が2021年に公表した「企業人権ベン
チマーク[21]」で、日系企業では最も高いスコアを獲得している。同社は、指
導原則（2011年）をはじめとする国際基準に則り、「人権方針」や人権委員
会の設定、人権教育など取組みを強化しているにもかかわらず、サプライチ
ェーンにおける人権侵害疑惑を理由として輸入差止措置や捜査を受けるなど
のリスクにさらされていることを考えると、日本企業の人権への取組みの遅
れと、人権問題への対応の難しさを実感せざるを得ない。

　(3)　大手タレントマネジメント事務所元社長による性加害を同事務所が
　　　公式に認めたことによる影響

　大手タレントマネジメント事務所が公式に元社長による性加害を認めたこ
とで、同所のタレントを自社の CM に起用している多くの企業に多大な影
響を与えている。

　企業にとって広告宣伝は、企業イメージの向上や製品・サービスの消費者

19　News & Updates〈https://www.fastretailing.com/jp/sustainability/news/2105251100.html〉（最
　　終更新日2021年5月25日）。
20　日本経済新聞2021年7月2日〈https://www.nikkei.com/article/DGXZQOUC0239C0S1A700C2
　　000000/〉。
21　Think ESG「WBA：人権重視する大手企業格付けを発表」〈https://thinkesg.jp/humanrights_
　　benchmark/〉。

への浸透にとって極めて重要であり、広告宣伝を担うタレントのマネジメント事務所は、企業のサプライチェーンの重要な一角を占めているといえる。同所は、国内最大手のタレントマネジメント事務所であり多数の著名企業とCM契約を締結し、所属タレントが各社の広告に起用されていた。

　大手タレントマネジメント事務所が元社長による性加害を認めたことを踏まえ、CM契約の解除や更新しないことの検討を始めた企業も多数ある。たとえば、日本航空（JAL）は、同所所属タレントについて「適切な対応が取られることを確認するまでの間、広告への起用を見送る」ことを明らかにし、同所の再発防止と被害者救済にかかわる検討状況を注視すると表明した[22]。

　JALグループが定める「JALグループ人権方針」では、〈私たちが目指すこと〉として「JALグループは、お客さまやビジネスパートナー、事業を行っている地域の人たち、JALグループの社員などあらゆるステークホルダーに対する陣編への負の影響を防止し、軽減するよう取り組みます。また、全ての役員・社員は、あらゆる人々の人権を尊重する責任を果たします」と述べたうえで、〈人権を尊重する手段〉として、指導原則（2011年）に従って、「『人権デューデリジェンス』の仕組みを確立し、その仕組みを事業プロセスの中に組込みます」としたうえで、自らが「人権への負の影響に直接関係していない場合でも、自らの事業またはサービスを通じて、ビジネスパートナーおよびその他の関係者が人権への負の影響と関係している場合、当該関係者に対し、是正措置を講じるように働きかけていきます」（下線は筆者）と記載されている。

　「JALグループ人権方針」は、国連人権理事会で採択された指導原則（2011年）に基づき策定されているが、大手タレントマネジメント事務所への対応は指導原則13で求められる企業の責任を果たそうとしたものと考えられる。具体的には、日本航空による「広告への起用を見送る」という措置は、未成年への性加害という重大な人権侵害（負の影響）に関係した同所（ビジネス

22　日本経済新聞2023年9月8日〈https://www.nikkei.com/article/DGXZQOUC084G50Y3A900C2000000/〉。

パートナー）に対して、是正措置を講じさせるための働きかけの一環として
なされたものと理解することができる。

　大手タレントマネジメント事務所と CM 契約を締結している著名企業の
大多数が日本航空と同様の人権方針を策定していることからすれば、同様の
対応が相次ぐことが予想された。そして実際に、同所と CM 契約を締結し
ている企業による契約解除やタレント起用の停止の動きはその後も続いた。
これらの動きを受けて、同所は、再度開いた記者会見において、所属タレン
トのマネジメント業務を手がける新会社を設立して、同所は被害者救済に専
念し、救済終了後に廃業することを明らかにした[23]。

　(4)　鉱滓ダムの崩壊で極めて多くの人的損害を発生させ、かつ甚大な環
　　　境被害も生じさせたことによる影響

　この事件は、主要顧客でありサプライチェーンの下流に位置する製鉄企
業・非鉄金属業製造企業との取引には直接の影響は生じさせていないようで
ある。しかし、V 社を投資先としていた機関投資家の中には、同社への投資
を見直す動きがみられる。

　ノルウェーのグローバル政府年金基金（GPFG）倫理評議会が、V 社には
深刻な環境破壊に寄与し責任を負っているという容認できないリスクがある
ため同社を GPFG の投資対象から除外すると勧告したことを受けて、2020
年 5 月、ノルウェー銀行は同社を GPFG の投資対象から外すことを決定し
た[24]。このほか、英国国教会年金基金（CoE）らの機関投資家も、今回の事
故を受けて保有していた同社株式を売却している[25]。

23　日本経済新聞2023年10月 2 日〈https://www.nikkei.com/article/DGXZQOUC021LT0S3A001C2
　　000000/〉。

24　Council on Ethics *Vale SA*. 12 May 2020.〈https://etikkradet.no/vale-sa-eng/〉。

25　Bloomberg *After Dumping Vale, Church of England Says Miner Has 'Way to Go'*. September
　　24 2019.〈https://www.bloomberg.com/news/articles/2019-09-24/after-dumping-vale-church-of-
　　england-says-miner-has-way-to-go?embedded-checkout=true〉。

II　人権リスク顕在化の契機と対応

1　顕在化の契機

　人権リスクはさまざまなきっかけで顕在化する。企業内での人権侵害、たとえばセクシュアルハラスメント、パワーハラスメントやサービス残業等については内部通報によって企業が知る例が多いであろう。企業（グループ）内にとどまらず取引業者をも含むサプライチェーンにも内部通報制度を整備している企業もあり、取引業者内での人権侵害が内部通報により明らかになることもある。これらの内部通報に対して適切に対応し自浄作用を働かせることによって人権リスクの顕在化を防ぐことができる。内部通報制度は、企業のコンプライアンス経営を推進するうえで不可欠の要素であることはもとより、社内の法令違反行為が社外へ通報されることにより企業価値が著しく毀損されることを回避するという企業防衛の視点からも有益な制度ということができる[26]が、内部通報への対応を誤ると、外部告発や外部通報に発展し人権リスクが顕在化する契機となる。

　人権侵害を受けた被害者による事実の公表や訴訟の提起も、人権リスク顕在化の契機となる。タイの縫製工場のケース（本章 I 1(1)参照）では、縫製工場の経営者に対して賃金の支払いを求めて訴訟が提起されたことが契機となっている。また、大手タレントマネジメント事務所のケース（本章 I 1(3)参照）では、記者会見で元所属タレントが被害事実を公表したことが、一つの契機となっている。

　これらのケースでは、人権団体（NGO）も重要な役割を果たしている。タイの縫製工場のケース（本章 I 1(1)参照）では同国で2000年に設立されたHuman Rights and Development Foundation（HRDF）という財団[27]がミャンマー人労働者のために同労働者団体に代わって訴訟を提起している。また、

26　阿部・井窪・片山法律事務所＝石嵜・山中総合法律事務所編『内部通報・内部告発対応実務マニュアル〔第2版〕』（2022年、民事法研究会）8頁。

27　HRDF Top page〈https://hrdfoundation.org〉。

ミャンマーからの移民労働者の権利を擁護するために2002年に設立されタイのチェンマイに本拠をおく NGO である MAP 財団も、被害者であるミャンマー人労働者を支援しており、同財団による声明がグローバルブランドによる速やかな補償対応を引き出すきっかけとなったことは、前述のとおりである（本章 I 2(1)参照）。

　日系大手アパレル企業のケース（本章 I 1(2)参照）では、経済主体に説明責任を果たすよう働きかけることで環境・コミュニティ・人権をよりよく保護する法的枠組みを構築することを目的として活動するフランスの NGO Sherpa[28]や衣料品とスポーツウェア業界全体の同社の基本的人権の尊重を目的として活動するネットワークである Clean Clothes Campaign[29]のフランス支部らからの告発を受けて、フランス検察当局が捜査を開始したとのことである[30]。

　大手タレントマネジメント事務所のケース（本章 I 1(3)参照）では、国連人権理事会の動きも見逃せない。国連人権理事会は、人権と基本的自由の促進と擁護に責任をもつ国連の主要な政府間機関である[31]。理事会は、60年間にわたって活動してきた「人権委員会（Commission on Human Rights）」に代わる機関として2006年に総会によって設置された。同理事会の「ビジネスと人権」作業部会は、指導原則（2011年）の日本での履行状況の調査のために来日し、日本の政府機関、地方自治体、主要な企業のほか、同所等にも面会し調査をした。同作業部会は2023年 8 月 4 日の記者会見では、エンターテイメント業界での課題についても言及し、「日本のメディア及びエンターテイメント企業に対し、救済へのアクセスの容易化、正当かつ透明な救済メカニズムの確保、調査のための明確かつ予測可能な時間枠を確立するよう要求。

28　Sherpa Top page 〈https://www.asso-sherpa.org/home〉。
29　Clean Clothes Campaign Top page 〈https://cleanclothes.org/〉。
30　The Straits Times *French launch probe into Uniqlo, Zara owner and others over forced Uighur labour.* 2 July 2021. 〈https://www.straitstimes.com/world/europe/french-launch-probe-into-uniqlo-zara-owner-and-others-over-forced-uighur-labour〉。
31　国際連合広報センター「人権理事会」〈https://www.unic.or.jp/activities/humanrights/hr_bodies/hr_council/〉。

さらに日本の全ての企業に対し、人権デューデリジェンスの実施、虐待の特定・対処を強く求めた」とされている[32]。人権デュー・ディリジェンスの元締めともいえるいわゆるビジネスと人権に関する国連作業部会の専門家の上記の発言が、同所とCM契約を締結する企業による契約や起用の見直しの動きを加速したものと考えられる。

　これらの例が示すように、被害者本人の公表や告訴はもちろんであるが、人権保護活動を展開するNGOや政府機関（政府間機関）の告発や報告等も、人権リスク顕在化の契機となりうる。企業としては、企業内はもとよりサプライチェーンにさまざまな形で関与するNGOや政府機関（政府間機関）の動きも注視することが求められる。

2　クライシスマネジメント

(1)　組織レジリエンスとダメージコントロール

　このようにサプライチェーンにおける人権リスクが顕在化する契機はさまざまであり、日系大手アパレル企業のような（国内において）「企業人権ベンチマーク」上位の企業であっても、リスクは避けきれない。そうだとすれば、企業としては、人権方針を確立し人権デュー・ディリジェンスに取り組むことによりリスクマネジメント（リスクの予測と回避を目的とする活動）に注力しても「人権リスクにさらされる危険性はゼロにはできない」との認識をもつべきである。リスクが顕在化した場合に発生する企業のダメージを最小限に抑え早期に回復するための備えとしてのクライシスマネジメントが極めて重要であり、これには「組織レジリエンス」、すなわち企業において社会や市場環境の変化によってもたらされるリスクや困難を乗り越え適応する能力を高めることが必要である。

　組織レジリエンスを高めるためには、まず、リスク顕在化への初期対応、いわゆる「ダメージコントロール」が重要になる。ダメージコントロールという言葉は元来軍事用語として用いられていたもので、敵の砲弾が着弾する

32　Sustainable Japan（2023年8月5日）〈https://sustainablejapan.jp/2023/08/05/ohchr-ungp-japan/94075〉。

ことを前提に「被害を最小化するにはどうすればよいか」という観点で行う取組みのことである。たとえば、多くの製造業では、いくら防火活動を強化しても工場火災が起きることは不可避であるとの認識の下、自営消防団を結成し初期消火活動にあたる体制を整えていると思われるが、これもダメージコントロールの一つである。

(2)　「危機管理広報」の重要性

　組織レジリエンスを高めるためのダメージコントロールとして重要なのは、いわゆる「危機管理広報」の考え方と手法である。

　広報コンサルタントでありNPO法人日本リスクマネジャー＆コンサルタント協会理事でもある石川慶子氏によれば、「危機管理広報」とは、危機が発生した際に、組織内外の関係者（ステークホルダー）に対し適切なコミュニケーションを行う活動であるとされ、誤解や信頼失墜を防ぐことを目的とするものであり、このダメージコントロールを失敗すると、人々の不安や不快感、不信感を増大させ、顧客離れ、売上ダウン、最悪は倒産にまで至ることもあるとされている[33]。

　石川氏によれば、危機管理広報には、初動3原則と呼ばれている重要ポイントがあるとのことである。初動原則1はステークホルダーを把握すること、初動原則2はポリシーを明確にすること、初動原則3はポジションペーパーを作成することが重要であるとされている。

　ステークホルダーの把握が重要なのは、被害者が誰で、被害者を増やさないことを目的とした情報発信をするためであり、被害者、一般顧客、取引先、社員、インターネットユーザー、マスコミ、関係省庁、警察を含めたすべての関係者（ステークホルダー）を洗い出し、マップ化し、対応や連絡の優先順位を決めることが必要とされている。

　ポリシーを明確する過程においては、いつどのような形で公表するのか、記者会見を開くのか、個別対応とするのか。ウェブサイトでのコメントのみ

33　広報コンサルタント石川慶子公式ウェブサイト「危機管理広報〜何を守り、誰に何を伝えるのか〜（月刊金融ジャーナル　2015年5月掲載）」〈https://ishikawakeiko.net/2015/05/12/79/〉。

とするのか。記者会見を開く場合にはいつ開くのか、何回開くのか、誰が説明するのか、単独か別組織と共同がよいか、どのような報道を成功イメージとしてもつのかについて、明確な方針を定めておくことが必要であるとされている。

さらに、石川氏のいう「ポジションペーパー」とは、起こっている内容を客観的視点で説明し、どう取り組んでいるのか姿勢や見解を示す文書とのことであり、企業における「公式見解」や「統一見解」ともいわれるものである。

(3)　「危機管理広報」の観点からみた評価

タイの縫製工場での人権侵害をめぐるグローバルブランドのケース（本章 II 1 (1)参照）を、危機管理広報の観点からみた場合に、どのように評価すべきか。

タイの縫製工場の例では、D社、T社およびS社とU社の対応の初期の広報対応が大きく異なっていた。D社およびT社は、初期の段階から「現地担当者や市民社会団体と協力して縫製工場の工場の労働者を支援し、解決策をさぐっている」と表明し、S社もほぼ同様の表明を行っていたのに対して、U社は、トムソンロイターの取材に対し当初回答せず、その後の回答においてもタイのライセンシーの義務違反を指摘しライセンシーにおいて補償すべきとするだけで、被害者である労働者へ補償については積極的な姿勢をみせなかった。ナイキ社の例をみるまでもなく、BtoC 事業を営む企業にとってブランドイメージの維持は極めて重要である。トムソンロイターの取材に対して回答をしなかったこと自体から、顕在化したリスクに対応したポリシーが明確にされていなかった（初動原則 2 の不備）ことや、そもそもポジションペーパー自体がつくられていなかったこと（初動原則 3 の不備）さえ疑われるうえに、直接的な被害を受けたミャンマー人労働者に共感する姿勢もみうけられないことから、ステークホルダーの把握の不十分さも（初動原則 1 の不備）あったのではないかと思われる。

(4)　組織レジリエンスを高める取組み

ダメージコントロールが奏功したことによって初期的なダメージを最小化することができたとしても、リスク発生の原因を除去する姿勢を社内外に示し続けることなしには組織は回復しない。組織レジリエンスを高めるためには、自社のビジョンやミッションを明確にし、社員へ浸透させるとともに外部へ発信することが有用である。このような取組みを行った例として、下請（孫請）企業で働く外国人技能実習生の過酷な労働環境や賃金未払いがテレビ番組で取り上げられた国内のアパレル企業（以下、「W社」という）の実例を紹介する。

2017年12月に民放テレビ局で放送されたドキュメンタリー番組で取り上げられた外国人技能実習生の劣悪な労働現場が、W社の商品を生産していた工場だった。番組製作会社の取材に対し、W社は、「当社が製作を依頼したメーカーの下請会社が中国人技能実習生に不当な労働行為をさせたという件に関するもの」であり、「その実習生との間には何らの法的契約関係もなく、労使関係にもない」ので、「労働法上の要求を受ける立場になく、何らの法的義務もない」と回答したことが番組中で明らかにされた[34]。

ところが、放送直後からSNS等で強い批判にさらされた結果、W社は放送数日後にリリースを発表し、「弊社の商品が取引メーカー様の先の縫製工場において、不適切な人権労働環境のもと製造されていたとすれば、誠に遺憾であると考えており、またその実情を知り得なかったことについては、大いに反省すべき点であると認識しております」、「今後は取引メーカー様と共に、製造現場について更なる関心を払い、弊社の商品がそのような環境下で製造されることがないように努力をして参る所存です」と誓った[35]。

W社は、その後、直接の取引先であるアパレルメーカーに対して法令遵守を呼びかけた。同時に実態調査を行い、アパレルメーカーの多くで、外国人

34　「テレ東 BIZ　ガイアの夜明け "絶望職場" を今こそ変える！」（2017年12月12日放送回）〈https://txbiz.tv-tokyo.co.jp/gaia/vod/post_145701〉。

35　WWDジャパン「ジャパンイマジネーションが公式コメント　『ガイアの夜明け』縫製工場による外国人技能実習生の労務問題について」〈https://www.wwdjapan.com/articles/521935〉。

技能実習生が雇用されている実態を把握した。W社の社長は、マスコミの取材に対して「工場と直接の取引はないとはいえ、商品を販売する立場としても、まったく責任がないわけではないと思うようになった」と述べているとのことである[36]。

　W社の対応をみると、番組取材に対する回答は、ナイキのケースと同様に「法的責任はない」というものであり、ダメージコントロールとしては失敗であったが、その後のブランドイメージ回復への取組みは、組織レジリエンス向上に向けての取組みとしても、大いに評価に値するものと考えられる。

　1990年代におけるサプライチェーンにおける人権侵害の発覚を契機にサスティナビリティに向けての取組みを強化し、世界のアパレル業界をリードしている企業として高い評価を受けてきたリーバイ・ストラウス社のケース[37]をみてもわかるように、アパレル業界にとってサプライチェーンにおける人権侵害の撲滅に向けた不断の取組みが重要である。リーバイ・ストラウス社では、2005年から同社ブランドの製品を生産するサプライヤー（認定工場）の名前と場所の公表にも踏み切ったが[38]、このような動きはグローバルに拡大して[39]おり、このアパレル企業の取組みもこれにつながるものであるといえる。

36　東洋経済 Online「外国人を不当にこき使う繊維・衣服産業の疲弊技能実習生を劣悪な環境に追い込む構造要因」（2019年7月3日）〈https://toyokeizai.net/articles/-/290025〉。

37　Sustainable Japan「【インタビュー】リーバイ・ストラウス Manuel Baigorri 氏『持続可能なサプライチェーンとビジネスの統合』」14頁。（2016年2月12日）〈https://sustainablejapan.jp/2016/02/12/levi-strauss-interview/21090〉。

38　Clean Clothes Campaign *International forum on Clean Clothes: workers' and Consumers'rights in the garment industry Brussels*. 30 APRIL-5 MAY 1998.〈https://web.archive.org/web/20061028011357/http://www.cleanclothes.org/companies/levi5-5-98.htm〉。

39　日経産業新聞（2019年10月17日）〈https://www.murc.jp/wp-content/uploads/2020/07/contribution2020-03_04.pdf〉。

第6章

企業活動と人権問題に関する
法令等

Act on

Business and Human

Rights

　本章においては、企業活動と人権問題に関する法令等を整理する。

　近年の人権の保護や尊重の取組みに関する国際的な潮流は、2011年6月16日に第17回国連人権理事会において承認された「ビジネスと人権に関する指導原則：国際連合『保護、尊重及び救済』枠組実施のために」（以下、「指導原則（2011年）」という）に端を発するものであることから、以下においては、まず、同原則の概要についてあらためて触れることとする。

　次に、日本における人権に関するガイドライン等について、公表された順に、各ガイドライン等の概要を説明したうえで、諸外国における状況について概要を説明する。

Ⅰ　指導原則（2011年）の概要

　指導原則（2011年）は、①人権を保護する国家の義務（指導原則1～10）、②人権を尊重する企業の責任（指導原則11～24）、③救済へのアクセス（指導原則25～31）の三つの柱から成り立っているところ、従来、人権は国家との関係で位置づけられ、人権保護や尊重を国家に対して求めるものが多かったのに対して、指導原則（2011年）は、第2の柱である「人権を尊重する企業の責任」を提示した点で特徴的である。

　第2の柱である「人権を尊重する企業の責任」の指導原則（2011年）11～24は、以下のとおりである[1]。

【指導原則11】

　企業は人権を尊重すべきである。これは、企業が他者の人権を侵害することを回避し、関与する人権への負の影響に対処すべきことを意味する。

【指導原則12】

1　なお、指導原則（2011年）の訳文はいずれも国際連合広報センター〈https://www.unic.or.jp/texts_audiovisual/resolutions_reports/hr_council/ga_regular_session/3404/〉に掲載されたものを引用している。

　人権を尊重する企業の責任は、国際的に認められた人権に拠っている
が、それは、最低限、国際人権章典で表明されたもの及び労働における
基本的原則及び権利に関する国際労働機関宣言で挙げられた基本的権利
に関する原則と理解される。

【指導原則13】

　人権を尊重する責任は、企業に次の行為を求める。

　　ａ．自らの活動を通じて人権に負の影響を引き起こしたり、助長す
　　　　ることを回避し、そのような影響が生じた場合にはこれに対処
　　　　する。

　　ｂ．たとえその影響を助長していない場合であっても、取引関係に
　　　　よって企業の事業、製品またはサービスと直接的につながって
　　　　いる人権への負の影響を防止または軽減するように努める。

【指導原則14】

　人権を尊重する企業の責任は、その規模、業種、事業状況、所有形態
及び組織構造に関わらず、すべての企業に適用される。しかしながら、
企業がその責任を果たすためにとる手段の規模や複雑さは、これらの要
素及び企業による人権への負の影響の深刻さに伴い、様々に変わりうる。

【指導原則15】

　人権を尊重する責任を果たすために、企業は、その規模及び置かれて
いる状況に適した方針及びプロセスを設けるべきである。それには以下
のものを含む。

　　ａ．人権を尊重する責任を果たすという方針によるコミットメント

　　ｂ．人権への影響を特定し、防止し、軽減し、そしてどのように対
　　　　処するかについて責任を持つという人権デュー・ディリジェン
　　　　ス・プロセス

　　c．企業が引き起こし、または助長する人権への負の影響からの是
　　　正を可能とするプロセス

【指導原則16】

　人権を尊重する責任を定着させるための基礎として、企業は、以下の
要件を備える方針の声明を通して、その責任を果たすというコミットメ
ントを明らかにすべきである。

　　a．企業の最上級レベルで承認されている。
　　b．社内及び／または社外から関連する専門的助言を得ている。
　　c．社員、取引先、及び企業の事業、製品またはサービスに直接関
　　　わる他の関係者に対して企業が持つ人権についての期待を明記
　　　している。
　　d．一般に公開されており、全ての社員、取引先、他の関係者にむ
　　　けて社内外にわたり知らされている。
　　e．企業全体にこれを定着させるために必要な事業方針及び手続の
　　　なかに反映されている。

【指導原則17】

　人権への負の影響を特定し、防止し、軽減し、そしてどのように対処
するかということに責任をもつために、企業は人権デュー・ディリジェ
ンスを実行すべきである。そのプロセスは、実際のまたは潜在的な人権
への影響を考量評価すること、その結論を取り入れ実行すること、それ
に対する反応を追跡検証すること、及びどのようにこの影響に対処する
かについて知らせることを含むべきである。人権デュー・ディリジェン
スは、

　　a．企業がその企業活動を通じて引き起こしあるいは助長し、また
　　　はその取引関係によって企業の事業、商品またはサービスに直
　　　接関係する人権への負の影響を対象とすべきである。

b．企業の規模、人権の負の影響についてのリスク、及び事業の性質並びに状況によってその複雑さも異なる。

c．企業の事業や事業の状況の進展に伴い、人権リスクが時とともに変りうることを認識したうえで、継続的に行われるべきである。

【指導原則18】

人権リスクを測るために、企業は、その活動を通じて、またはその取引関係の結果として関与することになるかもしれない、実際のまたは潜在的な人権への負の影響を特定し評価すべきである。このプロセスでは、以下のことをすべきである。

a．内部及び／または独立した外部からの人権に関する専門知識を活用する。

b．企業の規模及び事業の性質や状況にふさわしい形で潜在的に影響を受けるグループやその他の関連ステークホルダーとの有意義な協議を組み込む。

【指導原則19】

人権への負の影響を防止し、また軽減するために、企業はその影響評価の結論を、関連する全社内部門及びプロセスに組み入れ、適切な措置をとるべきである。

a．効果的に組み入れるためには以下のことが求められる。

　　i．そのような影響に対処する責任は、企業のしかるべきレベル及び部門に割り当てられている。

　　ii．そのような影響に効果的に対処できる、内部の意思決定、予算配分、及び監査プロセス。

b．適切な措置は以下の要因によって様々である。

　　i．企業が負の影響を引き起こしあるいは助長するかどうか、

　　　　もしくは影響が取引関係によってその事業、製品またはサービスと直接結びつくことのみを理由に関与してきたかどうか。
　　ii．負の影響に対処する際の企業の影響力の範囲。

【指導原則20】

　人権への負の影響が対処されているかどうかを検証するため、企業はその対応の実効性を追跡評価すべきである。追跡評価は、
　　a．適切な質的及び量的指標に基づくべきである。
　　b．影響を受けたステークホルダーを含む、社内及び社外からのフィードバックを活用すべきである。

【指導原則21】

　人権への影響についての対処方法について責任をとるため、企業は外部にこのことを通知できるように用意をしておくべきである。影響を受けるステークホルダーまたはその代理人から懸念が表明される場合には、特にそうである。企業は、その事業や事業環境が人権に深刻な影響を及ぼすリスクがある場合、どのようにそれに取り組んでいるかを公式に報告すべきである。あらゆる場合において、情報提供は、
　　a．企業の人権への影響を反映するような、また想定された対象者がアクセスできるような形式と頻度であるべきである。
　　b．関与した特定の人権への影響事例への企業の対応が適切であったかどうかを評価するのに十分な情報を提供すべきである。
　　c．それと同時に、影響を受けたステークホルダー、従業員、そして商取引上の秘密を守るための正当な要求にリスクをもたらすべきではない。

【指導原則22】

　企業は、負の影響を引き起こしたこと、または負の影響を助長したこ

とが明らかになる場合、正当なプロセスを通じてその是正の途を備える
か、それに協力すべきである。

【指導原則23】

　あらゆる状況において、企業は、次のことをすべきである。

　　　ａ．どこで事業をおこなうにしても、適用されるべき法をすべて遵
　　　　　守し、国際的に認められた人権を尊重する。

　　　ｂ．相反する要求に直面した場合、国際的に認められた人権の原則
　　　　　を尊重する方法を追求する。

　　　ｃ．どこで事業をおこなうにしても、重大な人権侵害を引き起こす
　　　　　または助長することのリスクを法令遵守の問題としてあつかう。

【指導原則24】

　人権への実際及び潜在的な負の影響への対応策に優先順位をつける必
要がある場合、企業は、第一に最も深刻な影響または対応の遅れが是正
を不可能とするような影響を防止し、軽減するよう努めるべきである。

Ⅱ　日本におけるガイドライン等

　日本においては、日本国憲法が、11条において「国民は、すべての基本的
人権の享有を妨げられない。この憲法が国民に保障する基本的人権は、侵す
ことのできない永久の権利として、現在及び将来の国民に与へられる」とし
て、基本的人権を明記するなど、憲法上、人権が保障され、これを前提に、
民法、労働基準法、男女雇用機会均等法、環境基本法など、さまざまな法律
において、人権の保護が図られている。

　しかし、現時点において、指導原則（2011年）を踏まえた人権デュー・ディ
リジェンスを求める法令は制定されていない。諸外国の一部においては法
制化が進んでいるのに対して、日本においては、これまでのところ、法令の

制定ではなく、政府や公的な機関が策定したガイドライン等によって、企業に対して人権デュー・ディリジェンスが求められている。

　制定された法令がハード・ローと表現され、法令ではない、ガイドライン等がソフト・ローと表現されることがある。その意味で、日本の現在の状況は、ハード・ローではなく、ソフト・ローのみが策定されている状況であるが、ソフト・ローであるからといって、企業活動において、これを無視してよいということではない。企業が、自らのビジネスを進めていく過程で人権問題に対処する、あるいは、人権デュー・ディリジェンスを進めていく際には、以下に紹介するガイドライン等に照らして、検討判断していくことが重要となる。

1　行動計画（2020年10月公表）

(1)　基本的な考え方

2020年10月、ビジネスと人権に関する行動計画に係る関係府省庁連絡会議は、「『ビジネスと人権』に関する行動計画（2020-2025）」（以下、「行動計画」という）を公表した。行動計画は、近年の人権に関する国際的な取組みの流れを受けて日本政府によって発せられた最初の指針である。

　行動計画は、その「基本的な考え方」において、以下の5点が特に重要であるとしている。

① 政府、政府関連機関、地方公共団体等が「ビジネスと人権」に関する理解を促進し、意識を向上させていくうえで、関連する法令、政策等の一貫性を確保し、かつ、関係省庁間において連携を強化すること

② 企業が、関連法令、政策等を理解・遵守するよう、企業の「ビジネスと人権」に関する理解促進と意識向上を図ること

③ 社会全体としての人権に関する理解促進・意識向上

④ 企業活動のグローバル化、多様化に伴い、国際社会は、企業に対し、企業内部での「ビジネスと人権」に関する取組みの実施だけでなく、国内外のサプライチェーンにおける人権尊重の取組みを求めており、企業はこの点に留意すること

⑤　政府における司法的救済へのアクセス確保および必要に応じた改善

(2)　三つの柱に対する具体的・横断的な取組み

そのうえで、行動計画は、指導原則（2011年）が、企業と人権との関係を人権を保護する国家の義務、人権を尊重する企業の責任および救済へのアクセスの三つの柱に分類していることを踏まえて、以下のとおり、これらの三つの各分類についての具体的な取組みについて言及するとともに、分類をまたいだ横断的な取組みについて言及している。

①　人権を保護する国家の義務に関する取組み

　ⓐ　公共調達

　ⓑ　開発協力・開発金融

　ⓒ　国際場裡における「ビジネスと人権」の推進・拡大

　ⓓ　人権教育・啓発

②　人権を尊重する企業の責任を促すための政府による取組み

　ⓐ　国内外のサプライチェーンにおける取組みおよび「指導原則」に基づく人権デュー・ディリジェンスの促進

　ⓑ　中小企業における「ビジネスと人権」への取組みに対する支援

③　救済へのアクセスに関する取組み

　・　司法的救済および非司法的救済

④　分類横断的な取組み

　ⓐ　労働（ディーセント・ワーク（働きがいのある人間らしい仕事）の促進等）

　ⓑ　子どもの権利の保護・促進

　ⓒ　新しい技術の発展に伴う人権

　ⓓ　消費者の権利・役割

　ⓔ　法の下の平等（障害者、女性、性的指向・性自認等）

　ⓕ　外国人材の受入れ・共生

行動計画は以上のそれぞれの取組みについて、既存の制度とこれまでの取組みを整理したうえで、今後行っていく具体的な措置について紹介している。

(3)　政府から企業への期待表明

そして、最後に、行動計画は、「政府から企業への期待表明」として、以下の3点をあげている。

① 　人権方針の策定

企業は、人権を尊重する責任を果たすというコミットメントを企業方針として発信することを求められている。

② 　人権デュー・ディリジェンスの実施

企業は、人権への影響を特定し、予防し、軽減し、そしてどのように対処するかについて説明をするために、人権デュー・ディリジェンスを行うことが求められている。

③ 　救済メカニズムの構築

人権への悪影響を引き起こしたり、または助長を確認した場合、企業は正当な手続を通じた救済を提供する、またはそれに協力することが求められている。

行動計画は、2025年度に改定が予定されており、公表から4年後をめどに関係府省庁連絡会議において、改定作業が行われる予定である。

2　コーポレートガバナンス・コード（2021年6月改訂）

コーポレートガバナンスとは、会社が、株主をはじめ顧客・従業員・地域社会等の立場を踏まえたうえで、透明・公正かつ迅速・果断な意思決定を行うためのしくみを意味するものであり、コーポレートガバナンス・コードは、実効的なコーポレートガバナンスの実現に資する主要な原則を株式会社東京証券取引所（以下、「東証」という）が取りまとめたものである。

東証は、2021年6月にコーポレートガバナンス・コードを改訂した。当該改訂において、以下のとおり、「人権の尊重」という用語が盛り込まれた。

【改訂前】

「取締役会は、サステナビリティーを巡る課題への対応は、重要なリスク管理の一部であると認識し、適確に対処するとともに、近時、こうした課題に対する要請・関心が大きく高まりつつあることを勘案し、これらの課題に

積極的・能動的に取り組むよう検討すべきである」。

【改訂後】

　「取締役会は、気候変動などの地球環境問題への配慮、人権の尊重、従業員の健康・労働環境への配慮や公正・適切な処遇、取引先との公正・適正な取引、自然災害等への危機管理など、サステナビリティを巡る課題への対応は、リスクの減少のみならず収益機会にもつながる重要な経営課題であると認識し、中長期的な企業価値の向上の観点から、これらの課題に積極的・能動的に取り組むよう検討を深めるべきである」（下線部筆者）。

3　経団連ハンドブック（2021年12月公表）

　一般社団法人日本経済団体連合会（以下、「経団連」という）は、2021年12月、「人権を尊重する経営のためのハンドブック」（以下、「経団連ハンドブック」という）を公表した。

　経団連ハンドブックは、まず、「第一部：人権を尊重する経営の実践」において、指導原則の内容について紹介したうえで、「企業に求められる『人権尊重』の運用原則の実践（人権デュー・ディリジェンスガイダンス）」について言及している。

　具体的には、以下の項目について説明している。

　①　人権方針の策定とコミットメントの表明

　②　人権デュー・ディリジェンスの実施

　上記①の「人権方針の策定とコミットメントの表明」において、経団連ハンドブックは、人権方針の策定・公表・浸透にあたって、企業がとっているプロセスとして、次の例をあげている。

　ⓐ　策定準備・策定段階

　ⓑ　承認

　ⓒ　公表

　ⓓ　浸透

　そのうえで、上記②の人権デュー・ディリジェンスの実施として、【図表121】[2]を示しながら、人権デュー・ディリジェンスには、人権リスクの評価

【図表121】　企業の人権尊重の取組みの全体像

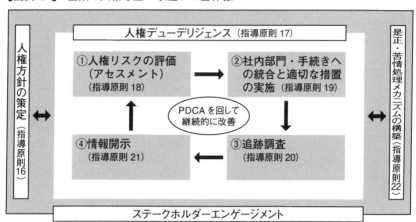

（アセスメント）、社内部門・手続への統合と適切な措置の実施、追跡調査、情報開示が求められるとしている。

　人権リスクの評価（アセスメント）については、人権への影響の考え方として、企業の事業活動が、社会に多大な貢献をもたらす一方で、人権に関する負の影響をもたらしうることを指摘するとともに、当該負の影響を特定し、評価することを提言している。そして、グローバルサプライチェーンにおけるリスクとして、アパレル、農林水産業・食品、資源・エネルギーなど11の業種別の人権リスクを例示するとともに、従業員、女性、障がい者、LGBTなど、権利保持者の類型を11に分類して人権リスクを例示している。

　また、社内部門・手続への統合と適切な措置の実施に関しては、人権リスクの評価から得られた結果を、関連する自社やグループ会社の内部機能やプロセスに反映するための取組み事例を紹介するとともに、自社・グループ会社以外の取引先に対して、どのように浸透させていくか、または、サプライヤーとどのように協働するかについての取組み事例を紹介している。

2　経団連ハンドブック31頁。

　上記の措置の実施の状況や措置の有効性については、継続的に追跡調査を行うことが重要であるところ、追跡調査の取組み事例として、サプライヤーに書面調査を行った事例や、外部専門家の確認を受けた事例などが紹介されている。

　最後に、人権リスクの評価、措置の実施、追跡調査を行った活動の状況について、適切な情報を開示することが必要であるが、情報開示にあたっては、影響を受けた可能性のある関係者をリスクにさらさないようにするとともに、商取引上の秘密の保持に配慮する必要があると指摘されている。

4　経済産業省ガイドライン（2022年9月策定）

(1)　ガイドライン策定・公表の経緯

　日本政府は、2020年10月に行動計画を策定・公表したが（本章II 1 参照）、その後、日本政府によるガイドラインの策定等を望む声があり、また、企業による人権尊重の取組みの促進に関して日本政府によるイニシアチブを期待する声が寄せられていた。日本政府は、こうした状況を踏まえ、国際スタンダードに沿った企業による人権尊重の取組みをさらに促進すべく、2022年 3月、経済産業省においてサプライチェーンにおける人権尊重のためのガイドライン検討会を設置して検討を重ね、2022年 9月、「責任あるサプライチェーン等における人権尊重のためのガイドライン」（以下、「経済産業省ガイドライン」という）を策定・公表した[3]。

(2)　企業による人権尊重の取組みの全体像

　経済産業省ガイドラインは、まず、企業による人権尊重の取組みの全体像（総論）を示したうえで、各論として、人権方針の策定、人権デュー・ディリジェンス、救済の3点について整理している。全体像として、【図表122】[4]が示されている。

　そして、人権尊重の取組みにあたっての考え方として、以下の点が重要であるとしている。

3　経済産業省ガイドライン 3頁参照。
4　前掲〈注3〉7頁。

【図表122】　企業による人権尊重の取組みの全体像の概要

人権方針 （各論3）	人権尊重責任に関するコミットメント（約束）の 表明（指導原則16・各論3）	
人権 デュー・ ディリジ ェンス （各論4） （指導原則 17）	負の影響の特定・評価（指導原則18・各論4.1）	ス テ ー ク ホ ル ダ ー と の 対 話
	負の影響の防止・軽減（指導原則19・各論4.2）	
	取組の実効性の評価（指導原則20・各論4.3）	
	説明・情報開示（指導原則21・各論4.4）	
救済 （各論5）	負の影響への対応（指導原則22・各論5）	

①　経営陣によるコミットメント

②　潜在的な負の影響はいかなる企業にも存在することの認識

③　ステークホルダーとの対話

④　優先順位を踏まえて順次対応していく姿勢

⑤　各企業が協力して人権尊重に取り組むこと

　(A)　人権方針の策定

　経済産業省ガイドラインは、人権方針の策定にあたって、「まずは、自社が影響を与える可能性のある人権を把握する必要がある」[5]としている。そして、それを把握するためには、社内の各部門から知見を収集することに加えて、自社業界や調達する原料・調達国の事情等に精通したステークホルダーとの対話・協議を行うことが重要であり、それによって、より実態を反映した人権方針を策定することができるとしている。

　(B)　人権デュー・ディリジェンス

　経済産業省ガイドラインは、人権デュー・ディリジェンスについて、以下の四つの項目をあげている。

①　負の影響の特定・評価

5　前掲〈注3〉13頁。

【図表123】　深刻度の判断基準

基準	意味	考慮事項の例
①規模	人権に対する負の影響の重大性	・侵害の性質や背景 ・侵害の態様 ・被害者の状況
②範囲	負の影響の及ぶ範囲	・負の影響を受ける人々の人数 ・負の影響を受けるグループやコミュニティの大きさ
③救済困難度	負の影響が生じる前と同等の状態に回復することの困難性	・負の影響からの救済が可能である程度（たとえば、補償または被害回復による救済が想定される） ・負の影響が生じる前と同等の状態に回復するために求められる行動の迅速性の程度

　②　負の影響の防止・軽減

　③　取組の実効性の評価

　④　説明・情報開示

　(a)　負の影響の特定・評価

　経済産業省ガイドラインは、負の影響の特定・評価プロセスの留意点を指摘している。

　①　継続的な影響評価

　②　脆弱な立場にあるステークホルダー

　③　関連情報の収集

　④　紛争等の影響を受ける地域における考慮

　また、経済産業省ガイドラインは、深刻度の判断基準について、【図表123】[6]のとおり整理している。

　(b)　負の影響の防止・軽減（検討すべき措置の種類）

　経済産業省ガイドラインは、「企業は、特定・評価された負の影響の防止・軽減について、経営陣の最終責任の下で、責任部署・責任者を明確にした上で、適切に取り組む必要がある[7]」としたうえで、検討すべき措置の種

6　前掲〈注3〉20頁。
7　前掲〈注3〉20頁。

類として、以下の点をあげている。

①　自社が人権への負の影響を引き起こしまたは助長している場合、負の影響を引き起こしたり助長したりする活動を確実に停止するとともに、将来、同様の活動が生じないよう防止する

②　自社の事業等が人権の負の影響に直接関連している場合、企業は、その負の影響そのものに対処できないとしても、状況に応じて、負の影響を引き起こしまたは助長している企業に対して、影響力を行使するなどして、その負の影響を防止・軽減するように努めるべきである。

③　取引停止は、最後の手段として検討され、適切と考えられる場合に限って実施されるべきである。

(c)　取組みの実効性の評価

経済産業省ガイドラインは、負の影響の特定・評価を踏まえたうえで行った、負の影響の防止・軽減といった取組みについて、その実効性を評価する方法等について述べている。

まず、評価の方法について、経済産業省ガイドラインは、評価にあたって、まず情報を広く集める必要があるとしている。具体的には、自社従業員やサプライヤー等へのヒアリング、質問票の活用、自社・サプライヤー等の向上等を含む現場への訪問、監査や第三者による調査等をあげている。

そのうえで、経済産業省ガイドラインは、企業は、実効性の評価手続を関連する社内プロセスに組み込むべきであるとしている。たとえば、環境や安全衛生の視点から従前実施していた監査や現地訪問といった手続に、人権の視点を取り込むことをあげている。

そして、企業は、評価の結果を活用すること、より効果のある対応策があるかを検討することができるとしている。

(d)　説明・情報開示

経済産業省ガイドラインは、説明・開示する情報の内容として、人権デュー・ディリジェンスに関する基本的な情報と負の影響への対処方法をあげている。

218

　そのうえで、企業は、想定する受け手が入手しやすい方法により、情報提供を行うことが求められるとしており、情報を一般に公開する場合には、企業のウェブサイト上で記載するなどの方法をあげており、特に負の影響を受けるステークホルダーに対して情報を提供する際には、オンライン形式を含む面談等を行うことが考えられるとしている。

　　(C)　救　　済

　経済産業省ガイドラインは、救済のしくみには、大きく分けて、企業を含む国家以外の主体による救済（苦情処理メカニズム（グリーバンス・メカニズム））と国家による救済とがあるとしている。

　(a)　苦情処理メカニズム（グリーバンス・メカニズム）

　経済産業省ガイドラインは、企業による救済のしくみとして、苦情処理メカニズム（グリーバンス・メカニズム）をあげている。

　苦情処理メカニズムは、利用者が苦情処理メカニズムの存在を認識し、信頼し、利用することができる場合に初めてその目的を達成することができるものであるとして、以下の要件【図表124】[8]を満たすべきであるとしている。

　(b)　国家による救済のしくみ

　経済産業省ガイドラインは、国家による救済の具体例として、以下の例をあげている。

　①　司法的手続　　裁判所による裁判

　②　非司法的手続

　　ⓐ　厚生労働省の個別労働紛争解決制度

　　ⓑ　OECD 多国籍企業行動指針に基づき外務省・厚生労働省・経済産業省の三者で構成する連絡窓口（National Contact Point）

　　ⓒ　法務局における人権相談および調査救済手続

　　ⓓ　外国人技能実習機構における母国語相談

8　前掲〈注3〉30頁。

【図表124】　苦情処理メカニズム（グリーバンス・メカニズム）の要件

正当性	苦情処理メカニズムが公正に運営され、そのメカニズムを利用することが見込まれるステークホルダーから信頼を得ていること
利用可能性	苦情処理メカニズムの利用が見込まれるすべてのステークホルダーに周知され、たとえば使用言語や識字能力、報復へのおそれ等の視点からその利用に支障がある者には適切な支援が提供されていること
予測可能性	苦情処理の段階に応じて目安となる所要時間が明示された、明確で周知された手続が提供され、手続の種類や結果、履行の監視方法が明確であること
公平性	苦情申立人が、公正に、十分な情報を提供された状態で、敬意を払われながら苦情処理メカニズムに参加するために必要な情報源、助言や専門知識に、合理的なアクセスが確保されるよう努めていること
透明性	苦情申立人に手続の経過について十分な説明をし、かつ、手続の実効性について信頼を得て、問題となっている公共の関心に応えるために十分な情報を提供すること
権利適合性	苦情処理メカニズムの結果と救済の双方が、国際的に認められた人権の考え方と適合していることを確保すること
持続的な学習源	苦情処理メカニズムを改善し、将来の苦情や人権侵害を予防するための教訓を得るために関連措置を活用すること
対話に基づくこと	苦情処理メカニズムの制度設計や成果について、そのメカニズムを利用することが見込まれるステークホルダーと協議し、苦情に対処して解決するための手段としての対話に焦点を当てること

5　経済産業省実務参照資料（2023年4月策定）

　経済産業省は、2023年4月、「責任あるサプライチェーン等における人権尊重のための実務参照資料」（以下、「経済産業省実務参照資料」という）を発表した。経済産業省実務参照資料は、経済産業省ガイドラインを受けて、「今後、ガイドラインが多くの企業に活用され、企業による取組が進展していくことが期待されますが、多くの中小企業をはじめ、これから本格的に人権尊重の取組を進めていく企業にとって、実務レベルで何をすればよいのかイメージしにくい可能性があります」として、経済産業省実務参照資料では、

企業がまず行うこととなる『人権方針の策定』や人権デュー・ディリジェンスの最初のステップである『人権への負の影響の特定・評価』について、検討すべきポイントや実施フローの例を示す[9]」として、より実務的な検討事項等を示している。

（1）　人権方針の策定

経済産業省実務参照資料は、人権方針に記載することが考えられる項目として、次の例をあげている。

① 位置づけ

② 適用範囲

③ 期待の明示

④ 国際的に認められた人権を尊重する旨のコミットメントの表明

⑤ 人権尊重責任と法令遵守の関係性

⑥ 自社における重点課題

⑦ 人権尊重の取組みを実践する方法

（2）　負の影響（人権侵害リスク）の特定・評価

経済産業省実務参照資料は、負の影響（人権侵害リスク）の特定・評価の進め方のイメージとして、【図表125】[10]をあげている。

【図表126】に「参考資料」および「作業シート」との記載があるが、これらは、経済産業省実務参照資料に別添1および2として付されている「参考資料」および「作業シート」である。別添1の「参考資料」には、事業分野別、産品別および地域別の人権課題並びに人権侵害リスクの例が詳細に記載されており、別添2の「作業シート」には、ステップ①〜③における検討事項とそれに対する回答欄を含んだシートが、記入例とともに示されている。

（A）　ステップ①──リスクが重大な事業領域の特定

【図表126】において、最初のステップとして位置づけられているのがリスクが重大な事業領域の特定である。経済産業省実務参照資料は、「セクター

9　経済産業省実務参照資料2頁。

10　前掲〈注9〉7頁。

【図表125】　負の影響（人権侵害リスク）の特定・評価の進め方

ステップ①　リスクが重大な事業領域を特定
セクター（事業分野）、製品・サービス、地域、個別企業の視点から、どのような人権侵害リスクが発生しやすいとされているか等を確認することが考えられます。

リスクが重大な
事業領域から優先

それ以外の
事業領域

ステップ②　負の影響（人権侵害リスク）の発生過程の特定
ステップ①で特定されたリスクが重大な事業領域から優先して、(i)人権侵害リスクを確認し、(ii)確認された人権侵害リスクについて、その状況や原因を確認します。

特定された
人権侵害リスク等

ステップ③　負の影響（人権侵害リスク）と
　　　　　　企業の関わりの評価及び優先順位付け
ステップ②で確認された人権侵害リスクと自社の関わりを評価します。また、確認された人権侵害リスクの全てについて直ちに対処することが難しい場合、対応の優先順位付けを行います。

【参考資料】
(a) 事業分野別人権課題
(b) 産品別人権課題
(c) 地域別人権課題
(d) 人権侵害リスクの例
作業シート　ステップ①
作業シート　ステップ②
作業シート　ステップ③

【図表126】　リスクが重大な事業領域の特定に際する確認ポイント

リスク視点の例	確認ポイントの例	参考資料の例
セクター（事業分野）のリスク	自社のセクター（事業分野）、製品・サービス、または、自社・取引先が事業を行う地域において、どのような人権侵害リスクが指摘されているかについて、人権侵害リスクの類型、深刻度、発生可能性といった観点から確認します。	参考資料(a) 事業分野別人権課題
製品・サービスのリスク		参考資料(b) 産品別人権課題
地域リスク		参考資料(c) 地域別人権課題
企業固有のリスク	自社・グループ会社、サプライヤー等において、企業のガバナンス体制の問題や、人権侵害リスクとのかかわりについて指摘を受けたことがないかなど、企業固有の状況を確認します。	各種報道 社内資料（苦情処理メカニズムに寄せられた情報を含む）

作業シート　負の影響（人権侵害リスク）の特定・評価（ステップ①／ステップ①記入例）
参考資料(d)　人権侵害リスクの例

222

（事業分野）、製品・サービス、地域、個別企業の視点から、どのような人権侵害リスクが指摘されているか等を確認することが考えられます」として、【図表126】[11]において確認ポイントの例などをあげている。

　(B)　ステップ②──負の影響（人権侵害リスク）の発生過程の特定

　前記(A)のステップ①において、リスクが重大な事業領域を特定したうえで、人権侵害リスクを確認するとともに、そのリスクの状況や原因を確認することになる。経済産業省実務参照資料は、その確認を【図表127】[12]のような方法で行うことが考えられるとしている。

　(C)　ステップ③──負の影響（人権侵害リスク）と企業のかかわりの
　　　評価および優先順位づけ

　経済産業省実務参考資料は、人権侵害リスクと企業のかかわりについて、具体例を含めつつ、【図表128】[13]を示している。

　経済産業省実務参考資料は、確認された人権侵害リスクのすべてについて、直ちに対処することが難しい場合に【図表129】[14]のように優先順位を検討することが考えられるとしている。

【図表127】　リスクの状況・原因確認の方法

方法の例	確認ポイントの例
●社内資料（苦情処理メカニズムに寄せられた情報を含む）に基づく確認・調査	●苦情処理メカニズムに寄せられた人権侵害リスクの情報や、過去にサプライヤー等において人権侵害リスクが発生した情報が社内記録に残されていないかを調査し、その状況を確認するとともに同様の人権侵害リスクが再発する状況にないか確認します。 ●契約書等を確認し、取引先との間で人権侵害リスクを防止する取決めがあるかを確認します。

11　前掲〈注9〉9頁。
12　前掲〈注9〉10頁。
13　前掲〈注9〉12頁。
14　前掲〈注9〉13頁。

●企業（経営者・管理責任者）に対する質問票調査	●サプライヤー等に質問票を送付し、返送された回答を確認します。 ●たとえば、取引先等における人権尊重の取組体制（例：人権侵害リスクの防止・軽減や救済のための仕組み）を確認する質問項目や、人権侵害リスクが発生していないかを確認する質問項目等を含めることが考えられます。
●従業員に対するアンケート・ヒアリング	●従業員に対して、自社内外において、実際に人権侵害リスクが発生していないか、確認します。 ●アンケートから人権侵害リスクが確認された場合、関係する従業員等に対してヒアリングを実施する方法も考えられます。
●現地調査・訪問	●典型的な例として、たとえば、現地の従業員の労働環境（安全で健康的な作業環境が提供されているかどうか）を確認します。
●ステークホルダーとの対話	●自社業界や調達する原料・調達国の事情等に精通したステークホルダーと対話をして懸念を聴取します。 ●実際に人権侵害リスクを受けるステークホルダーから、被害の状況や人権侵害リスクについて聴取します。

作業シート　負の影響（人権侵害リスク）の特定・評価（ステップ②／ステップ②記入例）

【図表128】　人権侵害リスクの類型

人権侵害リスクを引き起こす（Cause）

（例）自社工場の作業員を適切な安全装備なしで危険な労働環境において労働させる場合

自社が人権侵害リスクを助長する（Contribute）

（例）過去の取引実績から考えると実現不可能なリードタイム（発注から納品までに必要な時間）であることを知りながら、そのリードタイムを設定してサプライヤーに対して納品を依頼した結果、そのサプライヤーの従業員が極度の長時間労働を強いられる場合

人権侵害リスクが自社の事業・製品・サービスと直接関連する（Directly Linked）

（例）小売業者が衣料品の刺繍を委託したところ、受託先であるサプライヤーが、小売業者との契約上の義務に違反して、児童に刺繍をさせている業者に再委託する場合

大　関連　中　小

225

【図表129】　人権侵害リスクの優先順位

優先順位	検討内容
(i)	人権侵害リスクの深刻度を評価し、深刻度の高いものから対処します。深刻度は３つの観点（規模・範囲・救済困難度）で評価を行います。
(ii)	深刻度が同等な潜在的なケースが複数存在する場合には、発生可能性の高いものから対処します。
(iii)	深刻度及び発生可能性が同等なケースが複数存在する場合には、まず、自社および直接契約関係にある取引先において自社が人権侵害リスクを引き起こしまたは助長しているケースについて優先的に対応することも考えられます。

作業シート　負の影響（人権侵書リスク）の特定・評価（ステップ③）

III　諸外国の状況

1　日本企業に適用されうる諸外国の法令

　日本においては、人権デュー・ディリジェンスを企業に求める法令は制定されていないが、諸外国の一部においては、当該法令がすでに制定され、施行されている。具体的には、2015年に英国現代奴隷法、2017年にフランス企業注意義務法、2018年にオーストラリア現代奴隷法、2019年にオランダ児童労働デュー・ディリジェンス法、2021年には、ドイツにおいてサプライチェーンデュー・ディリジェンス法（以下、「ドイツ　デュー・ディリジェンス法」という）が、ノルウェーにおいてノルウェー透明性法が、それぞれ制定され、オランダ児童労働デュー・ディリジェンス法を除き、いずれも施行されている。このほか、米国においては、連邦法としての法令は制定されていないものの、カリフォルニア州において、サプライチェーン透明法が制定されている。さらに、最近、カナダにおいて、「サプライチェーンにおける強制労働、児童労働との闘いに関する法律」（以下、「サプライチェーンにおける強制労働・児童労働防止法」という）が2023年５月に制定され、2024年１月１日に施行された。

【図表130】　諸外国の法令

法令	適用範囲	主要な義務
英国現代奴隷法	設立の場所を問わず、英国において事業のすべてまたは一部を行い、商品またはサービスを提供している企業であって、年間の売上高（子会社を含む全世界の売上高。業者間割引や各種税額を控除したもの）が3600万ポンド以上のもの	奴隷制度への対策に関する声明を作成し、開示する義務
フランス企業注意義務法	2連続会計年度終了時に、①フランスに所在する企業が、当該企業およびフランス国内の直接・間接の子会社を合わせて5000人以上の従業員を雇用している場合、または、②フランスに所在する企業が、当該企業およびフランス国内外の直接・間接の子会社を合わせて、1万人以上の従業員を雇用している場合	リスクの特定やリスクの軽減等のためのアクションプラン等に関する計画書の策定およびその実施
オーストラリア現代奴隷法	オーストラリア国内外の企業を問わず、オーストラリア国内において事業を行い、その傘下にある事業体を含む年間の収益が1億オーストラリアドルを超える事業体	提供対象企業の詳細、事業運営とサプライチェーン、サプライチェーンにおける現代奴隷のリスクなどの法定記載事項を含んだ報告書の作成および提出
オランダ児童労働デュー・ディリジェンス法	オランダの市場に製品またはサービスを販売・提供する企業すべて（オランダに法人が設立されていなくても、オランダ市場で事業を展開していれば適用対象となる）	サプライチェーンにおいて児童労働によって製品の生産等がされていないかについて、デュー・ディリジェンスを実施し、実施したことを表明し、当局に報告
ドイツ　デュー・ディリジェンス法	ドイツ国内に本店または事業者を有し、2023年にドイツ国内に従業員3000人以上、2024年以降はドイツ国内に従業員1000人以上を雇用している企業	デュー・ディリジェンスの実施（リスク管理体制の構築、リスク分析・対応等）および報告

ノルウェー透明性法	①ノルウェーに拠点があり、ノルウェーの国内外で商品の販売やサービスの提供をしている大企業および②ノルウェー国外の大企業であって、ノルウェー国内で商品の販売やサービスの提供をしており、ノルウェーにおいて納税義務のある大企業 大企業は、次の三つの要件のうち、少なくとも二つを充たす企業を意味する ・年間売上高が7000万ノルウェークローネ以上 ・貸借対照表の合計が3500万ノルウェークローネ以上 ・年間の平均正社員数が50名以上	デュー・ディリジェンスの実施および報告
米国カリフォルニア州サプライチェーン透明法	全世界で年間総収入１億ドル以上を得ており、カリフォルニア州で事業を行っている小売業者または製造業者	リスク評価、監査、法令遵守の証明、社内手続および研修についての取組みの開示
カナダサプライチェーンにおける強制労働・児童労働防止法	以下の(ⅰ)～(ⅲ)いずれかに該当する事業者であって、①カナダ国内外において商品を製造・販売している事業者、②カナダ国外で製造された商品をカナダに輸入している事業者、または、③上記①または②の活動に関与する事業者を支配している事業者 　ⓐ　カナダの証券取引所に上場している 　ⓑ　カナダに事業所があり、カナダで事業を行っているまたはカナダに資産を有する者であって、連結財務諸表に基づく直近２会計年度のうち、少なくとも一度、(ⅰ)～(ⅲ)の基準の少なくとも二つを満たしていること 　　(ⅰ)　少なくとも、2000万カナダドルの資産を有していること 　　(ⅱ)　少なくとも4000万カナダドルの収益を上げたこと 　　(ⅲ)　少なくとも平均して250人の従業員を雇用していること 　ⓒ　その他規程によって定められた事業者	年次報告書の作成提出（構造、活動およびサプライチェーン、強制労および児童労働に関する指針とデュー・ディリジェンスの進め方等を含む）

　これらの法律は、いずれも日本企業にも適用される余地があるところ、以下においては、各法律の適用範囲と適用された場合の主要な義務を整理する（【図表130】参照）。

2　CSDDD 欧州指令

　現時点で正式に採択はされていないものの、日本企業を含め、今後、人権デュー・ディリジェンスの実務に大きな影響を与えると目されているのが、EU による「コーポレート・サステナビリティ・デューディリジェンス指令案」（Corporate Sustainability Due Diligence Directive：CS3D と略称されることがある）（以下、「CSDDD 欧州指令」という）である。

　指令案は、欧州委員会（European Comission）によって、2022年 2 月23日に公表された。その後、欧州理事会は、2022年12月 1 日に指令案に関する採択を行い、欧州議会も、2023年 6 月 1 日、一部の内容を修正したうえで採択した。そして、2023年12月14日、欧州理事会と欧州議会は、暫定的な政治合意に達したと発表した。今後、正式な採択を経て、施行されることが見込まれる。施行されると、加盟国は施行から 2 年以内に、指令案に沿った国内法を制定しなければならない。

　指令案の内容については、最終的にどのような内容で合意されるのかを確認する必要があるが、2022年 2 月23日に公表された指令案における適用範囲としては、EU 域外の企業にも適用されうることとなっている。

① 　EU 域内で設立された企業

ⓐ 　直近の会計年度において、全世界での純売上高が 1 億5000万ユーロを超え、かつ、平均従業員数が500人を超える企業、または、

ⓑ 　直近の会計年度において、全世界での純売上高が4000万ユーロを超え、かつ、平均従業員数が250人を超える企業で、当該純売上高の少なくとも50％がリスクの高い特定のセクターで発生している企業

② 　EU 域外で設立された企業

ⓐ 　直近の会計年度において、EU 域内での純売上高が 1 億5000万ユーロを超える企業、または、

　　ⓑ　直近の会計年度において、EU 域内での純売上高が4000万ユーロを
　　超え、1 億5000万ユーロ以下であり、全世界での純売上高の少なくと
　　も50％がリスクの高い特定のセクターで発生している企業

　ここで「リスクの高い特定のセクター」とは、繊維・衣料品・履物の製造
および卸売、農林水産業、食品の製造および卸売、鉱物資源の採掘等を含む。

　これらは、あくまでも2022年 2 月23日に公表された指令案における適用範
囲であり、最終的に合意される内容については異なる部分もありうる。いず
れにせよ、日本企業を含め、EU 域外の企業にも大きな影響を及ぼす可能性
があることから、今後の動向を注視する必要がある。

―――――――――― **コラム　ハード・ロー？　ソフト・ロー？** ――――――――

　本文中において、「ハード・ロー」、「ソフト・ロー」という用語が出てきたが、そもそも、ハード・ロー、ソフト・ローとは何だろうか。

　ハード・ローもソフト・ローも法律上明確な定義があるわけではないが、多くの場面では、ハード・ローは法的拘束力を有するのに対して、ソフト・ローは、法的拘束力を有しない、一定の指針のような意味で用いられているように思われる。もともと、「ハード・ロー」「ソフト・ロー」という用語は、国際法の分野でよく用いられている用語であり、法的拘束力を有する国際的な取決めである「条約」がハード・ローの中核的なものであるのに対して、国家間の非拘束的合意や行動指針などがソフト・ローと称されてきた。

　近年の人権の保護や尊重の取組みに関する国際的な潮流は、指導原則（2011年）に端を発するものであるが、この指導原則（2011年）も、条約のように法的拘束力を有するものではなく、国際的な行動指針を示したソフト・ローに分類されるものである。ソフト・ローである指導原則（2011年）を基礎としながら、多くの国や企業等がこれに沿った取組みを進めているところであり、日本ではいまのところ法的拘束力をもった法律（ハード・ロー）の制定はされていないが、欧米を中心に、法制化の動きが進んでいる。法制化を進める国とそうでない国との間では、おそらく、人権に対する考え方やハード・ロー、ソフト・ローに対する考え方など、さまざまな違いが背景にあるものと思われるが、いずれにしても、企業等は指導原則（2011年）に沿った取組みをしなければならず、日本はソフト・ローのみであるからといって、これを無視してはならないことは本文中においても述べたとおりである。

~~~~~~~~~~ おわりに ~~~~~~~~~~

　本書ではサプライチェーンにおける「ビジネスと人権」に対し、企業として
てどのような対応をするべきかを論じてきたが、最後に、指導原則（2011年）
採択10年後における国内外の「ビジネスと人権」関連の動きを紹介するととと
もに、経営者として人権について取り組むべき責任について述べたい。

　1　ロードマップ

　2021年6月に指導原則が採択10周年を迎えたことを受け、ビジネスと人権
に関する国連作業部会¹は、2021年11月、当初10年間の実施に関する現状把
握を行い、これによって得られたこれまでの成果や残る課題と機会に関する
分析を土台として「UNGPs 10+ ビジネスと人権の次の10年に向けたロード
マップ」（以下、「ロードマップ」という）を公表した。そこでは、①指導原則
のさらに完全な実現に徐々に近づいていくための8つの重要な行動分野、②
それぞれの行動分野において達成の必要がある18の目標（ゴール）、③それ
それの目標を達成するために国と企業が他のステークホルダーとともに取る
べき行動が明らかにされている。

「8つの重要な行動分野」と「18の目標（ゴール）」

行動分野1：グローバルな課題に対応する羅針盤としての国連ビジネスと人権に関する指導原則を活用
【目標1.1】指導原則（2011年）の3つの柱（国の人権保護義務、企業の人権尊重責任、救済へのアクセス）の適用によって、企業の人権尊重を公正な移行および持続可能な開発戦略の中核的な要素とすること 【目標1.2】構造的な課題に取り組むための協働を促進すること 【目標1.3】人権尊重を通じてデジタルトランスフォーメーションを最適化すること 【目標1.4】基準策定における一貫性と整合性を確保すること
行動分野2：国の人権保護義務
【目標2.1】政府の施策の有効性を高めるために政策の一貫性を向上すること 【目標2.2】義務化の潮流をつかみ、スマートミックスを促進すること

1　正式名称は、2011年に決議17/4により人権理事会が設置した人権と多国籍企業及びその他の企
業の問題に関する作業部会である。

233

行動分野3：企業の人権尊重責任
【目標3.1】企業の取り組みを拡大し、人権尊重のコミットメントを実践につなげること
【目標3.2】人権デュー・ディリジェンスを企業のガバナンスおよび事業モデルに組み込むこと
【目標3.3】人権尊重と矛盾する事業慣行に立ち向かうこと
行動分野4：救済へのアクセス
【目標4】救済へのアクセスの確保を実践に移すこと
行動分野5：ステークホルダーエンゲージメントの拡大と向上
【目標5】保護・尊重・救済を強化するための有意義なステークホルダーエンゲージメントの実施を確実にすること
行動分野6：変化を加速するための影響力行使の拡大と向上
【目標6.1】金融セクターのESGの潮流をつかみ、「S」を指導原則と整合させること
【目標6.2】行政機関や金融機関に加えビジネス界の「形成者」に対して影響を行使すること
行動分野7：進捗の追跡評価の拡大と向上
【目標7.1】体系的な学習やモニタリングを通じて国の行動と説明責任を促進すること
【目標7.2】企業が与える影響とパフォーマンスの追跡評価を進歩させること
行動分野8：国際的な協働と実践への支援の拡大と向上
【目標8.1】国連システムへの指導原則の統合におけるギャップを埋めること
【目標8.2】指導原則の理解・実践の加速・拡大に向けた能力構築と連携を強化すること
【目標8.3】地域における人権尊重を高める競争を促進すること

（「ビジネスと人権の次の10年に向けたロードマップ」グローバル・コンパクト・ネットワーク・ジャパンによる日本語仮訳版より）

　そのうちの行動分野7「進捗の追加評価の拡大と向上」の目標7.2では、「UNGPsの最初の10年間には、（ほとんどは大規模な）企業がその人権尊重責任を方針レベルの動向にどう組み入れたかを評価するイニシアチブが多く生まれました。次の10年間には、業種的・地理的な範囲を広げるという意味と、より幅広いバリューチェーンを対象範囲に含めるという意味で、このような取り組みを拡大する必要があります。……このような前進が見られれば、企業が最も必要とするところ、あるいは最も効率の良い分野に資源を配分する能力の向上と、口先だけで実行が伴わない企業との比較において、有言実行

型の企業の実施状況を特定、評価し、その結果として実効的な戦略と方針を
策定する投資家や市民社会組織、政策立案者の能力向上に役立つことでしょ
う」とされている。

　また、行動分野3「企業の人権尊重責任」の目標3.2では、「恒久的な変革
を実現し、人権尊重を企業の『DNA』に組み込むためには、組織文化を変
える必要がありますが、人権デュー・ディリジェンスをガバナンスと組織の
枠組みや、ビジネスモデルの中核に統合することは、こうした文化的変革を
支援する手段となります。」とされ、行動分野5「ステークホルダーエンゲ
ージメントの拡大と向上」の目標5では、「有意義なステークホルダーエン
ゲージメントは、保護と救済の改善をサポートする横断的な課題として、ビ
ジネス関連の人権リスクと影響に取り組む正当かつ効果的な対策の実現を図
る国家と企業の戦略の中心に据えるべきです」とされている。

　前述のとおり、ロードマップは、それぞれの目標を達成するために国と企
業が他のステークホルダーとともにすべきことを具体的に明らかにしている。

　今後は、中小企業を含めた人権尊重のための広範かつ充実した取組みが
増々求められることとなる。「口先だけで実行が伴わない企業」は、人権リ
スクはもとより、本書で説明した様々なネガティブな影響による企業価値の
毀損など、大きな損失につながるおそれがあることに留意する必要がある。

2　訪日調査のステートメント

　2023年8月に国連人権理事会が国連「ビジネスと人権」作業部会として、
2023年7月24日〜8月4日にかけて実施した訪日調査において、ミッション
終了ステートメントを公表している。本文書では日本政府、日本企業、日本
社会全体に対するさまざまな人権侵害の現状に対する指摘や意見が含められ
ており、国際社会から今現在の日本の人権環境がどのように評価されている
のかがわかる非常に有用な資料となっており、ぜひ一読いただきたい。ビジ
ネスと人権に関する行動計画、NAP（National Action Plan）に対する認識、
NAPへの取組みの透明性の欠如等、日本政府の人権に対する取組みが、十
分ではない点が指摘されている。また作業部会が訪日調査において会った多

くの企業から人権デュー・ディリジェンスを義務づけることが望ましいことが示唆されている。これによって企業間に公正な競争条件が生まれ、政府の政策や基準との整合性も高まるからである。また人権デュー・ディリジェンス要件を厳格化しない限り、中小企業などに対して国連指導原則を採用する動機が生まれないといった意見からも日本においても人権デュー・ディリジェンスが義務化され、その開示がコンプライアンスとして要求されることは早晩実現されることになるだろう。こういった国際社会からの視点、外圧による影響により企業として求められる責任は確実に重くなっていくことが容易に想像できる。

3 企業に求められる姿勢

グローバルサプライチェーンに対する人権への取組みはその内容が多岐にわたり、関連するステークホルダーも多く、一朝一夕では完了することは非常に困難であり、少なくとも要求される水準に至るまでは数年の時間を要するものといえる。これに対して経営者としては、①国際機関や日本政府のソフトローに対する責任、②欧米各国の法規制に対する責任、③グローバルサプライチェーンに対するリスクマネジメント等の経営責任、④株主や投資家に対する責任、⑤金融機関等の評価への責任、⑥ステークホルダーに対する経営者としての法的責任など現時点においてもビジネスと人権に対する取組みの要求はすでに存在しており、今後さらに厳格になっていくことが予想されるため、まさに今から対策の第一歩を踏み出さないと間に合わなくなることは必至であるといえる。本書を参考としてまずは取締役などの経営者レベルにおいて勉強会を開催し、人権侵害リスクへの理解に少しでも活用していただければ幸いである。

●事項索引●

著者紹介

[執筆者（阿部・井窪・片山法律事務所）]

佐長　功（さいき　いさお）

〔経歴〕

北海道大学法学部卒業

〔論文・著書〕

『契約書作成の実務と書式〔第 2 版〕』（分担執筆、有斐閣、2019年）

『法務リスク・コンプライアンスリスク管理実務マニュアル〔第 2 版〕』（分担執筆、民事法研究会、2021年）

『破産実務 Q&A220問』（分担執筆、金融財政事情研究会、2019年）

『通常再生の実務 Q&A150問』（分担執筆、金融財政事情研究会、2021年）

『民法（債権関係）改正法案逐条解説』（分担執筆、清文社、2015年）

本多　広和（ほんだ　ひろかず）

〔経歴〕

東京大学法学部卒業

カリフォルニア大学デービス校（LL.M.）卒業

〔論文・著書〕

『契約書作成の実務と書式〔第 2 版〕』（分担執筆、有斐閣、2019年）

『法務リスク・コンプライアンスリスク管理実務マニュアル〔第 2 版〕』（分担執筆、民事法研究会、2021年）

『内部通報・内部告発対応実務マニュアル〔第 2 版〕』（共著、民事法研究会、2022年）

『会社法書式集』（共同編集代表、商事法務、2017年）

『コンパクト解説　会社法 1　株主総会』（分担執筆、商事法務、2016年）

『民法（債権関係）改正法案逐条解説』（共同編集代表、清文社、2015年）

原田　崇史（はらだ　たかふみ）

〔経歴〕

慶應義塾大学法学部法律学科卒業

慶應義塾大学大学院法学研究科修士課程（民事法学専攻）修了

〔論文・著書〕

『契約書作成の実務と書式〔第2版〕』（分担執筆、有斐閣、2019年）

『法務リスク・コンプライアンスリスク管理実務マニュアル〔第2版〕』（分担執筆、民事法研究会、2021年）

『内部通報・内部告発対応実務マニュアル〔第2版〕』（共著、民事法研究会、2022年）

『会社法書式集』（共同編集代表、商事法務、2017年）

『コンパクト解説　会社法1　株主総会』（分担執筆、商事法務、2016年）

『民法（債権関係）改正法案逐条解説』（共同編集代表、清文社、2015年）

『専門訴訟講座⑧倒産・再生訴訟』（分担執筆、民事法研究会、2014年）

梶並　彰一郎（かじなみ　しょういちろう）

〔経歴〕

早稲田大学理工学部電気電子情報工学科卒業

学習院大学法科大学院卒業

ワシントン大学（シアトル）（LL.M.）卒業

〔論文・著書〕

『契約書作成の実務と書式〔第2版〕』（分担執筆、有斐閣、2019年）

『民法（債権関係）改正法案逐条解説』（分担執筆、清文社、2015年）

『経済安全保障推進法と企業法務』（分担執筆、民事法研究会、2023年）

Legal Analysis on Artificial Intelligence (AI) in Japan(Patents & Licensing (Vol. 49, No. 1 (Issue No. 281) June 2019)) IP・L Communications

First Judgement Applying Criteria of FRAND Declaration by IP High Court (Patents & Licensing (Vol. 45, No. 4 Issue No. 260 December 2015)) IP・L Communications

[**執筆者**（デロイト トーマツ ファイナンシャルアドバイザリー合同会社）]

デロイト トーマツ ファイナンシャルアドバイザリー合同会社
フォレンジック ＆ クライシスマネジメント

【阿部・井窪・片山法律事務所】
〒100-6613　東京都千代田区丸の内 1 丁目 9 番 2 号
グラントウキョウサウスタワー
03-5860-3640（代表電話）

【デロイト トーマツ ファイナンシャルアドバイザリー合同会社】
フォレンジック ＆ クライシスマネジメント
〒100-8363　東京都千代田区丸の内 3－2－3
丸の内二重橋ビルディング
03-6213-1180（代表電話）

サプライチェーンにおける人権リスク対応の実務

令和6年6月12日　第1刷発行

著　　　者　　佐長　功・本多広和・原田崇史・梶並彰一郎
　　　　　　　デロイト トーマツ ファイナンシャルアドバイザリー
　　　　　　　合同会社
発　　　行　　株式会社　民事法研究会
印　　　刷　　株式会社　太平印刷社

発 行 所　　株式会社　民事法研究会
　　　　　　　〒150-0013　東京都渋谷区恵比寿3-7-16
　　　　　　　〔営業〕TEL03(5798)7257　FAX03(5798)7258
　　　　　　　〔編集〕TEL03(5798)7277　FAX03(5798)7278
　　　　　　　http:www.minjiho.com/　info@minjiho.com

カバーデザイン　関野美香　　　　　　　　ISBN978-4-86556-623-9
落丁・乱丁はおとりかえします。

広範なリスクを網羅し、豊富な書式・記載例とともに詳解！

〈リスク管理実務マニュアルシリーズ〉

法務リスク・コンプライアンスリスク
管理実務マニュアル〔第2版〕
―基礎から緊急対応までの実務と書式―

阿部・井窪・片山法律事務所　編

A5判・730頁・定価 7,700 円（本体 7,000 円＋税 10％）

▶会社法、個人情報保護法、働き方改革関連法、独占禁止法、公益通報者保護法などの法改正、裁判例やESG投資などの最新の実務動向等も踏まえて約6年ぶりに改訂！

▶企業リスク管理を「法務」「コンプライアンス」双方の視点から複合的に分析・解説！

▶偽装、製品事故、取引先リスク、税務・会計、M&A、カルテル、下請法、インサイダー、知財管理、労務管理、反社対応、環境問題、名誉毀損、クレーム対応など、企業が抱えるリスクを網羅！

▶企業不祥事の予防・対応につき、要因の分析から、管理指針、発生時の広報対応、信頼回復に向けた取組みまで、豊富な書式例とともに解説した必携手引！

本書の主要内容

詳しい目次は
こちらから→

発行　 民事法研究会

〒150-0013　東京都渋谷区恵比寿 3-7-16
（営業）TEL. 03-5798-7257　FAX. 03-5798-7258
http://www.minjiho.com/　info@minjiho.com

企業における対応策を実務的な視点も踏まえて解説！

経済安全保障推進法と企業法務

服部　誠・梶並彰一郎・松田世理奈・大西ひとみ　著

A5判・265頁・定価3,300円（本体3,000円＋税10％）

▶経済安全保障推進法の4つの制度（「サプライチェーン」「基幹インフラ役務」「先端的重要技術」「非公開特許」）について、企業法務における実務対応を中心にQ＆A形式で解説！

▶第1部の「法律の概要」では各制度をわかりやすく解説し、第2部の「企業における実務対応」では各制度に対する実務対応をわかりやすく解説！

▶法律実務家だけでなく経済安全保障推進法に関わりを持つ企業経営者・法務担当者、各種専門家に必携の1冊！

本書の主要内容

第1部　法律の概要

　第1章　全体の概要

　第2章　特定重要物資の安定的な供給の確保に関する制度

　第3章　基幹インフラ役務の安定的な提供の確保に関する制度

　第4章　先端的な重要技術の開発支援に関する制度

　第5章　特許出願の非公開に関する制度

第2部　企業における実務対応

　第1章　特定重要物資の安定的な供給の確保に関する制度

　第2章　基幹インフラ役務の安定的な提供の確保に関する制度

　第3章　先端的な重要技術の開発支援に関する制度

　第4章　特許出願の非公開に関する制度

・**参考資料**

・**事項索引**

HPでの
紹介はこちら→

発行　民事法研究会

〒150-0013　東京都渋谷区恵比寿3-7-16
（営業）TEL. 03-5798-7257　FAX. 03-5798-7258
http://www.minjiho.com/　info@minjiho.com

海外展開する企業の不祥事や災害・感染症などのリスク対策充実のために！

日本企業の海外拠点における リスク対策の革新と実践

公認内部監査人（CIA）・社会保険労務士　白石　斉　著

A 5 判・240 頁・定価 2,750 円（本体 2,500 円＋税 10%）

▶海外展開する企業において、企業本体（本社）と海外拠点のリスク対策、人事配置、教育・指導に悩む監査・人事担当者や弁護士はもちろん、経営者のための実践的手引！

▶2 つの Eff（Efficiency〔効率性〕と Effectiveness〔有効性〕）、3 階建ての規範 / ルール、4 ステップのサイクル活動による〔2 - 3 - 4 メソッド〕を提唱し、企業本体（本社）と海外拠点の役割分担を整理したうえで、コストパフォーマンスの高い、実効性のあるコンプライアンス体制構築と BCP（事業継続計画）策定を実践！

▶第 1 部では、日本企業の海外進出におけるリスク対策の概要を示し、第 2 部では、企業グループ全体でのコンプライアンス体制の構築、第 3 部では、BCP の策定と運用方法を取り上げ、第 4 部では、著者提唱の〔2 - 3 - 4 メソッド〕の可能性と限界を鋭く考察！

本書の主要内容

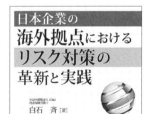

発行　民事法研究会

〒 150-0013　東京都渋谷区恵比寿 3-7-16
（営業）TEL. 03-5798-7257　FAX. 03-5798-7258
http://www.minjiho.com/　info@minjiho.com